国家示范性高等职业院校重点建设专业教材

# 汽车营销与配件管理

Qiche Yingxiao yu Peijian Guanli

主　编　安　军
副主编　何志静
主　审　李　敏

人民交通出版社

## 内 容 提 要

本书是国家示范性高等职业院校重点建设专业教材，共分6个学习情境，包括市场营销、市场调查、汽车销售技术、汽车配件营销、汽车配件检索方法及汽车配件的订货和库存管理。

本书可作为高等职业院校汽车营销技术专业的教材，也可作为汽车售后服务技术管理人员阅读参考。

**图书在版编目（CIP）数据**

汽车营销与配件管理 / 安军主编. --北京：人民交通出版社，2010.6

ISBN 978-7-114-08348-8

Ⅰ.①汽… Ⅱ.①安… Ⅲ.①汽车－市场营销学②汽车－配件－市场营销学 Ⅳ.①F766

中国版本图书馆 CIP 数据核字（2010）第097195号

书　　名：国家示范性高等职业院校重点建设专业教材
**汽车营销与配件管理**
著 作 者：安　军　何志静
责任编辑：戴慧莉
出版发行：人民交通出版社
地　　址：（100011）北京市朝阳区安定门外外馆斜街3号
网　　址：http://www.ccpress.com.cn
销售电话：（010）59757973
总 经 销：人民交通出版社发行部
经　　销：各地新华书店
印　　刷：北京市密东印刷有限公司
开　　本：787×1092　1/16
印　　张：9.75
字　　数：232千
版　　次：2010年6月　第1版
印　　次：2014年7月　第4次印刷
书　　号：ISBN 978-7-114-08348-8
定　　价：23.00元

# 序

《教育部关于全面提高高等职业教育教学质量的若干意见》(教高[2006]16号)明确指出:"高等职业教育作为高等教育发展中的一个类型,肩负着培养面向生产、建设、服务和管理第一线需要的高技能人才的使命"。探索类型发展道路、构建高技能人才培养模式、开发特色教学资源,是高职院校的历史责任。

2007年,贵州交通职业技术学院被列为国家示范性高等职业院校建设单位。国家示范性院校建设的核心是专业建设,而课程和教材又是专业建设的重要内容之一。如何通过课程的建构来推动人才培养模式的改革和创新?教材编写工作又如何与学校人才培养模式和课程体系改革相结合?如何实现课程内容适合高素质技能型人才的培养?这均是学院示范性建设中的重要命题。

令人欣慰的是学院教师历经3年的不断探索和实践,为学院示范建设作出了功不可没的成绩。其中教材建设就是部分成果的体现,也是全体专业教师、一线工程技术人员共同的智慧结晶和劳动成果。在这些教材中,既有工学结合的核心课程教材,也有专业基础课程教材。无论是哪种类型的教材,在编写中,学院都强调对教材内容的改革与创新,强调示范性院校专业建设成果在教材中的固化,强调教材为高素质技能型人才培养服务,强调教材的职业适应性。因为新教材的使用,必须根植于教学改革的成果之上,反过来又促进教学改革目标的实现,推进高职教育人才培养模式改革。

本教材与传统教材相比有如下三个方面的特点:

第一,该教材由原来传统知识体系的章节结构形式,改为工作过程的项目、模块结构形式;教材中的项目来源于岗位工作任务分析确定的工作项目所设计的教学项目,教材中的模块来源于完成工作项目的工作过程。

第二,教材的内容不再依据相关学科的理论知识体系,而来源于相应岗位的工作内容。教学内容的选取依据完成岗位工作任务对知识和技能的要求,建立在行业专家对相应岗位工作任务分析结果和专业教师深入行业进行岗位调研结果的基础上。注重学生实践训练、培养学生完成工作的能力。

第三,教材不再停留在对课程内容的直接描述,而是十分注重对教学过程的设计,注重学生对教学过程的参与。在教材的各个项目之前,一般都提出了该项目应该完成的工作任务,该任务可能是学习性的工作任务,也可能是真实的工作任务。

在这些教材的编写过程中，也倾注了相关企业有关专家的大量心血和辛勤劳动，在此谨向他们表示衷心的感谢！由于开发时间短，教学检验尚不充分，错误和不当之处难免，敬请专家、同行指教。

贵州交通职业技术学院教材编写委员会

2009.11.20

# 前　　言

2007年,贵州交通职业技术学院被列为国家示范性高等职业院校,学院拥有汽车运用技术、道路与桥梁工程技术、工程机械控制技术、建筑工程技术四个国家重点示范建设专业。在国家示范性高等职业院校重点专业建设过程中,贵州交通职业技术学院紧跟当前职业教育最新发展理念,积极采用“理论与实践一体”的教学手段,代替传统的“课堂教学+实际操作训练”的教学模式。学院对课程建设十分重视,组织示范建设专业的相关教师编写特色教材。

近年来,随着汽车工业的飞速发展,业内对于汽车销售服务的要求越来越高。传统的汽车营销服务弊端较多,汽车企业对服务的理解和使用范围相对狭窄。现代汽车营销要求建立以汽车服务为纽带,构建企业、服务网络和顾客之间和谐的过程性服务体系。

通过本课程学习,主要使学生了解汽车市场的特点和发展趋势,掌握汽车市场调研和分析的方法,培养学生从市场的角度观察、分析和思考问题的思维习惯,掌握汽车营销的基本原理、策略和技巧,掌握汽车配件的管理方法,提高学生对汽车市场的认识和综合分析能力。通过实践教学环节,加强学生对理论知识的理解,提高学生解决汽车及配件营销实际问题的能力。

根据课程设计思路,本教材按照课程学生手册、任务工单等方式编写。教材的主要内容分为6个学习情境,学习情境按照从简单到复杂、从单一到综合进行排序,旨在使学生通过学习,掌握汽车营销的基本原理和方法,具备汽车营销实际操作的基本能力。

本教材由贵州交通职业技术学院安军担任主编并完成情境一和情境二的编写任务;何志静担任副主编并完成情境四和情境六的编写任务;彭静编写情境三和情境五;李敏担任主审。参与本课程设计和编写的有陈文均、周文、王强等老师,还有来自企业生产一线的兼职教师周峰、代华等。在此,对他们的辛勤劳动表示衷心的感谢!

本书在编写过程中除参阅了已列出的参考文献外,还参阅了其他文献资料,未能一一列出,借此,向这些著作和文献资料的原作者表示衷心的感谢!

编　者

**2010年3月**

# 目　录

# 学习情境一　汽车市场营销

## 知识目标

能正确陈述市场营销的概念和市场营销的组合；
在了解我国汽车工业发展历程的基础上熟悉汽车市场营销的发展现状；
能简要陈述营销的要素。

## 技能目标

能正确分析汽车及汽车服务企业的营销组织形式；
能够简要地编制市场营销计划。

### 一、市场营销概述

1. 市场及市场营销

1）市场

市场是商品经济的产物，即哪里有商品生产和商品交换，哪里就会有市场。市场是商品交换关系的总和。它主要是指买卖双方、卖方和卖方、买方和买方、买卖双方各自与中间商、中间商与中间商之间，商品在流通领域中进行交换时发生的关系。

在商品经济尚不发达的时候，市场的概念总是同时间概念和空间概念联系在一起，人们总是在一定的时间和确定的空间进行商品交换及交易，因而，市场被看作商品交换（买卖）活动的场所。这种市场形式目前仍很普遍。在现代社会里，商品交换关系已经渗透到社会生活的各个方面，交换商品的品种和范围不断扩大，交易方式也日益复杂，交换和交易已经实现了打破时间和空间的限制，例如：电子商务、网上购物、物流、通信技术等。人们可以在任何时间和任何地方达到交易，最终实现商品交换。

市场的发展是一个由消费者（买方）决定而生产者（卖方）推动的动态过程。

2）市场营销

市场营销又称为市场学、市场行销或行销学，简称营销。

市场营销活动的主体与渠道之间的关系，如图 1-1 所示。

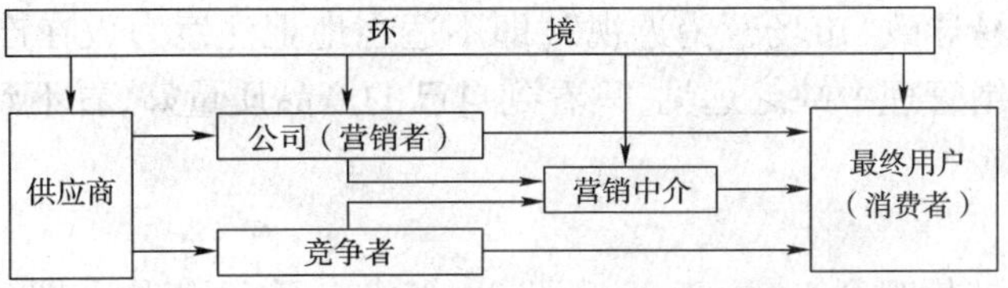


图 1-1　市场营销活动主体与渠道之间的关系

中国人民大学商学院郭国庆教授建议将市场营销的定义表述为：

市场营销既是一种组织职能，也是为了组织自身及利益相关者的利益而创造、传播、传递客户价值,管理客户关系的一系列过程。

市场营销学的研究对象是市场营销活动及其规律,即研究企业如何识别、分析、评价、选择和利用市场机会,从满足目标市场顾客需求出发,有计划地组织企业的整体活动,建立交换,将产品从生产者手中转向消费者手中,以实现企业营销目标。

3)市场营销理论发展的四个阶段

第一阶段:初创阶段。市场营销于19世纪末到20世纪20年代在美国创立,源于工业的发展。这时市场营销学的研究特点是:第一,着重推销术和广告术,没有出现现代市场营销的理论、概念和原则;第二,营销理论还没有得到社会和企业界的重视。

第二阶段:应用阶段。20世纪20年代至第二次世界大战结束为应用阶段。此阶段市场营销的发展表现在应用上。市场营销理论研究开始走向社会,被广大企业界所重视。

第三阶段:形成发展时期。20世纪50年代至80年代为市场营销学的发展阶段,美国军工经济开始转向民众经济,社会商品急剧增加,社会生产力大幅度提升,而与此相对应的居民消费水平却没有得到多大的提升,市场开始出现供过于求的状态。

第四阶段:成熟阶段。20世纪80年代至今,为市场营销学的成熟阶段,表现在:第一,与其他学科关联;第二,开始形成自身的理论体系。20世纪80年代是市场营销学的革命时期,市场营销学开始进入现代营销研究领域,市场营销学的面貌焕然一新。

4)市场营销四要素

市场营销活动是供应商采取的经营活动,是供应商为满足顾客要求、促进市场交易而运用的各种市场营销手段。美国市场营销学家麦肯锡教授把各种市场营销手段归纳为四大类营销要素,即4Ps:产品(Product)、价格(Price)、促销(Promotion)、渠道(Place),由于是复数,所以简称4Ps。这四个因素应用到营销过程中,就形成了四方面的营销策略。

2. 市场营销观念的演变与发展

市场营销观念的演变与发展可归纳为五种,即生产观念、产品观念、推销观念、市场营销观念和客户观念。

1)生产观念

生产观念是指导销售者行为的最古老的观念之一。这种观念产生于20世纪20年代前期。企业经营哲学不是从消费者需求出发,而是从企业生产出发。其主要表现是“我生产什么,就卖什么”。

2)产品观念

它也是一种较早的企业经营观念。产品观念的核心理论是,消费者最喜欢高质量、多功能和具有某种特色的产品,企业应致力于生产高质量产品,并不断加以改进。它产生于市场产品供不应求的“卖方市场”形势下。最容易滋生产品观念的场合,莫过于当企业发明一项新产品时。此时,企业最容易导致“市场营销近视”,即不适当地把注意力放在产品上,而不是放在市场需要上,在市场营销管理中缺乏远见,只看到自己的产品质量好,看不到市场需求在变化,致使企业经营陷入困境。

3)推销观念

推销观念(或称销售观念)产生于20世纪20年代末至50年代前期,是被许多企业所采用的另一种观念,表现为“我卖什么,顾客就买什么”。它认为,消费者通常表现出一种购买惰性或抗衡心理,如果听其自然的话,消费者一般不会足量购买某一企业的产品,因此,企业必须积极推销和大力促销,以刺激消费者大量购买本企业产品。

4）市场营销观念

市场营销观念是对上述诸观念的挑战而产生的一种新型的企业经营哲学。这种观念是以满足顾客需求为出发点的，即“顾客需要什么，就生产什么”。尽管这种思想由来已久，但其核心原则直到20世纪50年代中期才基本定型。当时，社会生产力迅速发展，市场趋势表现为供过于求的买方市场，同时，广大居民个人收入迅速提高，有可能对产品进行选择，企业之间的产品竞争加剧。许多企业开始认识到，必须转变经营观念，才能求得生存和发展。市场营销观念认为，实现企业各项目标的关键，在于正确确定目标市场的需要和欲望，并且比竞争者更有效地传送目标市场所期望的物品或服务，进而比竞争者更有效地满足目标市场的需要和欲望。

5）客户观念

随着现代营销战略由产品导向转变为客户导向，客户观念逐渐成为营销战略成功的关键所在。各个行业都试图通过卓有成效的方式来准确地了解和满足客户需求，进而实现企业目标。实践证明，不同子市场的客户存在着不同的需求，甚至同属一个子市场的客户的个别需求也会经常变化。为了适应不断变化的市场需求，企业的营销战略必须及时调整。在此营销背景下，越来越多的企业开始由奉行市场营销观念转变为客户观念。

所谓客户观念，是指企业注重收集每一个客户以往的交易信息、人口统计信息、心理活动信息、媒体习惯信息以及分销偏好信息等，根据由此确认的不同客户终生价值，分别为每个客户提供各自不同的产品或服务，传播不同的信息，通过提高客户忠诚度，增加每一个客户的购买量，从而确保企业的利润增长。它与市场营销观念的最大不同是，强调满足每一个客户的特殊需求。

需要注意的是，客户观念并非适用于所有企业。一对一营销需要以工厂定制化、运营电脑化、沟通网络化为前提条件，因此，贯彻客户观念要求企业在信息收集、数据库建设、电脑软件和硬件购置等方面进行大量投资，而这并不是每一个企业都能够做到的。有些企业即使舍得花钱，也难免会出现投资大于收益的局面。客户观念最适用于那些善于收集单个客户信息的企业，这些企业所营销的产品能够借助客户数据库的运用实现交叉销售，或产品需要周期性地重购或升级，或产品价值很高。客户观念往往会给这类企业带来不同寻常的效益。

3. 市场营销组合

市场营销组合是指企业在选定的目标市场上，综合考虑环境、能力、竞争状况对企业自身可以控制的因素，对其加以最佳组合和运用，以完成企业的目标与任务。市场营销战略性组合因素与战术性组合因素见图1-2。

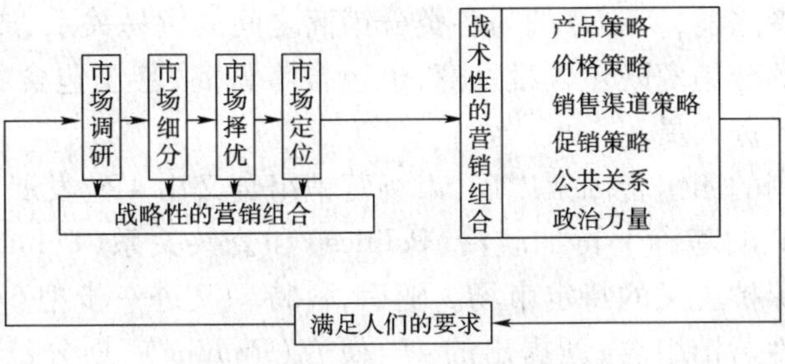


图1-2　市场营销战略性组合因素与战术性组合因素

市场营销组合是企业市场营销战略的一个重要组成部分，是指将企业可控的基本营销措施组成一个整体性活动。市场营销的主要目的是满足消费者的需要，而消费者的需要很多，满足消费者需要所采取的措施也很多。因此，企业在开展市场营销活动时，必须把握住这些基本措施，进行合理组合，并充分发挥整体优势和效果。

市场营销组合这一概念是由美国哈佛大学教授尼尔·鲍顿（N·H·Borden）于1964年最早采用的，并确定了营销组合的12个要素。随后，理查德·克莱维特教授把营销组合要素归纳为产品、定价、渠道、促销。

1）4Ps营销组合

4Ps营销组合是在1960年由美国密执安州立大学教授杰罗姆·麦卡锡（Jerome McCarthy）提出的营销的四个组合因素。

麦卡锡绘制了一幅市场营销组合模式图（图1-3），图的中心是某个消费群，即目标顾客，中间一圈是四个可控要素：产品（Product）、价格（Price）、促销（Promotion）、渠道（Place），即4Ps组合。在这里，产品是指要为目标市场开发适当的产品，选择产品线、品牌和包装等；价格是指要制订适当的价格；地点是指要通过适当的渠道安排运输、储藏等环节，把产品送到目标市场；促销就是考虑如何将适当的产品，按适当的价格，在适当的地点通知目标市场，包括销售推广、广告、培养推销员等。图的外围表示企业外部环境，它包括各种不可控因素，主要有人口、经济环境，技术、自然环境，社会、文化环境，政治、法律环境。麦卡锡指出，4Ps组合的各要素将要受到这些外部环境的影响和制约。

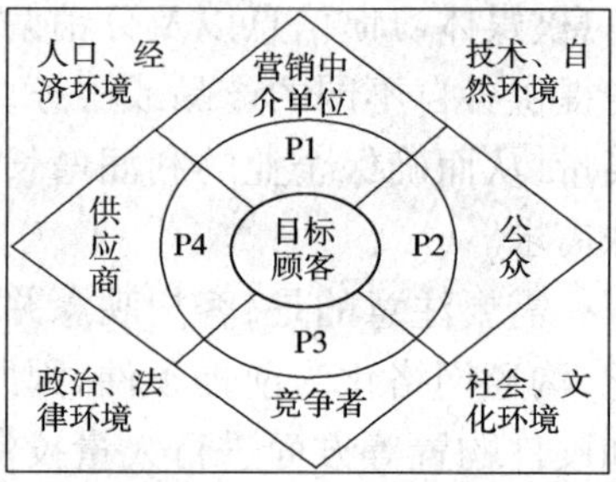


注：P1-Produot（产品）；P2-Price（价格）；P3-Place（渠道）；P4-Promotion（促销）

图1-3　市场营销组合模式图

（1）产品策略：主要研究新产品开发，产品生命周期，品牌策略等，是价格策略、促销策略和渠道策略的基础。

（2）价格策略：又称定价策略，主要研究产品的定价、调价等市场营销工具。

（3）促销策略：是将企业与产品信息传播给目标市场的有计划的营销活动，其焦点在于与消费者沟通。促销的形式包括广告宣传、公共关系（PR）、促销（SP）活动、人员销售（PS）、口碑操作等。透过推广，使企业和产品得以让消费者知晓、了解和喜爱，进而购买产品。促销的强度及其计划是否得当，足以影响或操纵产品的知名度、形象、销售量，乃至企业的品牌形象。有了促销，消费者方可得知产品提供何种利益、价格多少、可以到什么地方购买及如何购买等信息，而消费者对这些信息的反应，会进一步协助推动其他行销组合（产品、价格、通路）作出修正和调整。

（4）渠道策略：是指为达到产品分销目的而起用的销售管道。它代表企业（机构）在将自身产品送抵最终消费者之前，所制订的与各类分销商之间的贸易关系、成本分摊和利益分配方式的综合体系。这里的分销商既包含批发商，也包含零售商，甚至包含物流配送商，或是直接对消费者销售的公司业务人员。

继麦卡锡提出营销的四组合因素以后，市场营销组合又由4Ps发展为6Ps。6Ps是由科特勒提出的，它是在原4P的基础上再加政治（Politics）和公共关系（Public relations）。6Ps组合主要应用于实行贸易保护主义的特定市场。随后，科特勒又进一步把6Ps发展为10Ps。他把已有的6Ps称为战术性营销组合，新提出的4P：研究（Probing）、划分（Partitioning）即细分、优先（Prioritizing）即目标选定、定位（Positioning），称为战略营销。

2）4Cs营销组合

4C理论是由美国营销专家劳特朋教授在1990年提出的，它以消费者需求为导向，重新设定了市场营销组合的四个基本要素，即：顾客（Consumer）、成本（Cost）、便利（Convenience）和沟通(Communication)。强调企业首先应该把追求顾客满意放在第一位,其次是努力降低顾客的购买成本,然后要充分注意到顾客购买的便利性,而不是从企业的角度来决定销售渠道策略,最后还应以消费者为中心实施有效的营销沟通。4C理论的后期演变为"四忘掉四考虑",即:忘掉产品,考虑消费者的需要和欲求;忘掉定价,考虑消费者为满足其需求愿意付出多少;忘掉渠道,考虑如何让消费者方便;忘掉促销,考虑如何同消费者进行双向沟通。

与产品导向的4P理论相比,4C理论有了很大的进步和发展,它重视顾客导向,以追求顾客满意为目标,这实际上是当今消费者在营销中越来越居主动地位的市场对企业的必然要求。

(1)顾客(Customer):零售企业直接面向顾客,因而更应该考虑顾客的需要和欲望,建立以顾客为中心的零售观念,将"以顾客为中心"作为一条红线,贯穿于市场营销活动的整个过程。零售企业应站在顾客的立场上,帮助顾客组织、挑选商品货源;按照顾客的需要及购买行为的要求,组织商品销售;研究顾客的购买行为,更好地满足顾客的需要;更注重对顾客提供优质的服务。

(2)成本(Cost):顾客在购买某一商品时,除耗费一定的资金外,还要耗费一定的时间、精力和体力,这些构成了顾客总成本。所以,顾客总成本包括货币成本、时间成本、精神成本和体力成本等。由于顾客在购买商品时,总希望把有关成本包括货币、时间、精神和体力等降到最低限度,以使自己得到最大限度的满足,因此,零售企业必须考虑顾客为满足需求而愿意支付的"顾客总成本"。努力降低顾客购买的总成本,如降低商品进价成本和市场营销费用,从而降低商品价格,以减少顾客的货币成本;努力提高工作效率,尽可能减少顾客的时间支出,节约顾客的购买时间;通过多种渠道向顾客提供详尽的信息、为顾客提供良好的售后服务,减少顾客精神和体力的耗费。

(3)便利(Convenient):最大限度地便利消费者,是目前处于过度竞争状况的零售企业应该认真思考的问题。如上所述,零售企业在选择地理位置时,应考虑地区抉择、区域抉择、地点抉择等因素,尤其应考虑"消费者的易接近性"这一因素,使消费者容易达到商店。即使是远程的消费者,也能通过便利的交通接近商店。同时,在商店的设计和布局上要考虑方便消费者进出、上下,方便消费者参观、浏览、挑选,方便消费者付款结算等。

(4)沟通(Communication):零售企业为了创立竞争优势,必须不断地与消费者沟通。与消费者沟通包括向消费者提供有关商店地点、商品、服务、价格等方面的信息;影响消费者的态度与偏好,说服消费者光顾商店、购买商品;在消费者的心目中树立良好的企业形象。在当今竞争激烈的零售市场环境中,零售企业的管理者应该认识到:与消费者沟通比选择适当的商品、价格、地点、促销更为重要,更有利于企业的长期发展。

3)新4C

新4C是指顾客经验、顾客关系、沟通与社群。

(1)顾客经验(Customer Experience),企业纷纷成立属于自己的网站,并且经由动态网页设计呈现出高质量的视觉效果,强化品牌形象。

(2)顾客关系(Customer Relationship),透过讨论区或部落格由企业直接经营,因为没有任何营销渠道可以像网络一样,做到全方位的互动。

(3)沟通(Communication),变成跨平台的沟通,而且E时代里,每个人都有放送的能力,营销时必须将每个网友都当成中介媒体,建立有效的双向沟通。

(4)社群(Community),是继入口网站和搜寻引擎之后,一股不可忽视的新力量。

4)4V组合

进入20世纪80年代之后，随着高科技产业的迅速崛起，高科技企业、高技术产品与服务不断涌现，营销观念、方式也不断丰富与发展，并形成独具风格的新型理念，在此基础上，国内的学者（吴金明等）综合性地提出了4V的营销哲学观。所谓4V是指：差异化（Variation）、功能化（Versatility）、附加价值（Value）、共鸣（Vibration）的营销组合理论。

5）市场营销组合应用的一般原则

（1）目标性。营销组合首先要有目标性，即制订市场营销组合时，要有明确的目标市场，同时要求市场营销组合中的各个因素都围绕着这个目标市场进行最优组合。

（2）协调性。将市场营销组合中的各个因素有机地联系并同步配套地组合起来；以最佳的匹配状态，为实现整体营销目标服务即为市场营销组合的协调性。企业根据市场组合要素的关联作用，能够将营销组合得协调一致。

在组合方案中，也可以重点选择几个因素进行组合搭配，如产品质量和价格搭配，它们的关系直接影响到市场营销组合整体策略的优劣，将二者进行多方案选优，可以组成多种不同的组合策略方案，企业可据此进行分析，包括竞争对手组合策略分析，本企业资源、技术、设备等情况分析，切实推行价值工程，进而达到预期营销目标。

（3）经济性。即组合的杠杆作用原则。主要考虑组合的要素对销售的促进作用，这是优化组合的特点。

（4）反馈性。从营销环境的变化到企业营销组合的变化，要依靠市场反馈信息。信息反馈及时，反馈效应好，就可随营销环境变化，及时对原市场营销组合重新反思、调整，进而确定新的适应市场和消费者需求的组合模式。

## 二、汽车市场的发展

我国汽车市场的形成和发展，经历了计划经济时期的形成阶段和国内经济转轨后的发展阶段。1992年以前的汽车销售是呈卖方市场，1992年以后的汽车销售是呈买方市场。

在1978年以前的计划经济时期，国家对汽车实行统一生产，统一分配，汽车产品严重短缺。其主导车型是生产用的货车或乘务用的吉普车、城市公交车。

1978～1991年是我国经济体制转轨时期。这个时期是由计划经济向市场经济过渡的时期，也是汽车市场逐步形成的时期。随着国家的改革开放，人们开始重新认识市场问题。1983年4月，国家规定汽车生产企业有一定比例的产品自销权，至此，打破了汽车由国家统分统配的传统体制。随着企业自主权的迅速扩大，国家指令性计划在汽车工业中所占的比重已显著降低，1984年，国家指令性计划所占比重下降到58.3%，1992年降到15%，市场开始起决定性作用，我国的汽车市场基本形成。这一时期，尽管汽车市场有起有落，但总体还是以卖方市场为主。中国汽车市场形成的独特之处是先有社会经销商，后有主机厂销售汽车，但是这些经销商和主机厂关系却不稳定，加之汽车资源的短缺而形成的卖方市场，使得生产、流通、消费都不合理，因此造成了汽车市场的混乱无序。其主要表现为：价格混乱，产品迂回流动，售后无保障，主机厂的市场营销策略无法贯彻执行，回款困难，呆账赖账时有发生。

这一阶段的特点是：汽车市场呈卖方市场。轿车市场长期以来是以公款消费为主，汽车产品严格按物资机电部门计划分配，统一销售，汽车生产企业不直接销售汽车。汽车市场随宏观经济的波动而同步振荡，其发展曲线与国家宏观经济走势非常吻合，带有非理智性、不合理性。因此，当时的汽车市场是一个不成熟的市场。

1992年至今，中国进入经济体制改革的新阶段。汽车的价格处于市场化的进程中，汽车市场由政府出面或在政府指导下组建。1995年,以北京亚运村汽车交易市场为代表的有形汽车市场出现,汽车市场具有很高的组织化程度,接受政府的宏观调控,市场的价格对全国同类产品的生产与流通具有指导作用。

这一阶段市场形成买方市场,其特点是:生产商、销售商利润降低;市场竞争激烈,多种营销方式共存,逐步与国际通行的营销方式接轨;市场趋近成熟,汽车市场发展平稳。

汽车市场大起大落的动荡局面已经过去,进入稳定增长的阶段。随着买方市场的形成,竞争的加剧,受地方利益的驱使,又使得中国汽车市场成为"割据"的市场。在准备加入WTO以前,汽车行业提出"清障拆墙,解放市场,迎接入世"的口号,汽车市场的割据状况才得以遏制,由于受到WTO游戏规则的制约,汽车市场的问题才得到真正解决。

## 三、汽车企业营销计划

1. 汽车企业营销计划工作

汽车企业营销计划工作是汽车企业通过对市场发展态势及其自身地位和实力的分析,确定今后发展目标、市场定位、营销策略、执行方案、实施计划以及经费预算等内容的工作过程,反映这些内容的书面文件便是汽车企业的市场营销计划。

2. 汽车企业营销计划的作用

汽车企业营销计划的主要作用有:

(1)指导汽车企业经营工作的方向;

(2)保证重点目标市场的实现,避免营销力量分散;

(3)合理配置人力、物力和财力;

(4)便于检查和考核。

3. 汽车企业营销计划的分类

围绕汽车企业不同等级的发展目标,汽车企业营销计划可分为两大类:战略性营销计划——针对长远的战略性目标;战术性营销计划——针对近期的阶段性目标。

1)战略性营销计划

战略性营销计划是一种长远性规划,通常指3~5年或更长的时期。战略性营销计划是战略层次的经营计划,是着眼于长远性的营销决策,所反映的是未来的发展蓝图。从战略意义上讲,战略性营销计划具有主动性、超前性的特点。

战略性营销计划的主要内容包括:

(1)战略目标:汽车企业在未来某一时期内所要占据的市场位置;

(2)形象地位:汽车企业在市场上应努力树立起何种形象;

(3)营销预算:汽车企业计划实现其营销目标所需要的资金;

(4)措施方案:汽车企业为实现既定目标所采取的各项行动计划。

2)战术性营销计划

所谓战术性营销计划是一种着重解决未来短期内市场营销工作决策的行动计划,是一种短期的营销计划,时间通常为一年。从战术意义上讲,这种营销计划主要是针对近期未来的市场情况,特别是针对竞争者的行动作出反应和决策。

战术性营销计划的主要内容包括:

(1)营销目标:汽车企业以数量化形式具体规定计划实现的销售量和营业额;

(2)手段与预算:汽车企业实现目标所涉及的营销组合策略及费用预算;

(3)行动方案:汽车企业营销工作的执行方案,促销活动的安排与协调;
(4)评价与控制:汽车企业定期检查、评价和控制营销活动的效果。

4. 汽车企业营销计划的制订原则

制订营销计划应掌握三条原则:
(1)体现现代营销观念;
(2)发挥“桥梁”的作用;
(3)贯彻鼓动性与可行性相结合的原则。

5. 汽车企业营销计划的制订程序

营销计划的制订程序有以下几项:
(1)分析营销现状;
(2)确定营销目标;
(3)制订营销策略;
(4)评价和选定营销策略;
(5)综合编制营销计划;
(6)执行计划;
(7)检查监督,进行控制。

6. 汽车企业营销计划的制订内容

营销计划的制订应围绕以下内容:
(1)汽车企业形势分析;
(2)汽车企业营销目标、策略和市场定位;
(3)汽车企业年和月的营销目标和预测;
(4)汽车企业客源市场细分及其策略;
(5)营销行动计划和执行方案;
(6)汽车企业营销预算;
(7)评估和控制。

7. 营销计划书的样本

本营销计划书是某公司整车(轿车)营销战略规划的一部分,旨在拓展该公司的业务范围,扩大该公司的业务内容,向轿车整车销售的新领域进军,建立该公司新的利润增长点。

1)目标

(1)确定公司进入汽车消费市场的切入点,选定目标市场;
(2)确定进入汽车消费市场的车型;
(3)在一个计划期内达到一定的销售额和市场占有率;
(4)初步建立公司的市场营销网络和客户群体;
(5)进一步提升公司在汽车销售和服务领域的品牌形象;
(6)为今后汽车整车销售业务的进一步拓展创造条件。

2)内容

(1)企业概况;
(2)环境分析;
(3)目标市场选择;
(4)营销策略组合;

(5)成本预算;
(6)计划的实施;
(7)效益评价。

## 四、汽车市场营销环境分析

1. 汽车市场营销环境的概念

汽车市场营销环境是指影响汽车企业市场营销活动的不可控制的各种参与者(actors)和影响力(forces)。市场营销的主要参与者和影响力,如图1-4所示。

图1-4 市场营销的主要参与者和影响力

2. 汽车市场营销微观环境

汽车市场营销微观环境包括:企业内部、生产供应商、营销中介、顾客、竞争者及有关公众。

(1)生产供应商:向企业提供原材料、零配件、设备、能源、劳务等生产经营所需资源的企业或个人。

(2)企业内部:包括其他职能部门的支持与配合、高层管理者的意图。它是企业提高市场营销工作效率和效果的基础。

供应商对企业营销的影响主要表现在三个方面:

①所供资源的数量和质量影响产品的数量和质量;

②所供资源的价格影响产品的价格;

③满足企业特殊或应急需要的能力。

(3)营销中介:营销中介是协助汽车企业从事市场营销的组织或个人。

①中间商:帮助公司找到顾客或把产品卖出去的组织或个人。

②实体分配公司:协助厂商储存并把货物运送到目的地的公司,如仓储、运输公司等。

③营销服务机构:协助厂商推出并促销产品到恰当的市场的机构,如市场调查公司、广告公司、传媒机构、营销咨询机构。

④财务中间机构:协助厂商融资或保障货物购销储运风险的机构,如银行、信托公司、保险公司等。

(4)顾客:包括消费者市场、企业市场、经销商市场、政府市场、国际市场。

(5)竞争者:竞争者主要指以下几方面。

①愿望竞争者:提供不同产品以满足不同需要的竞争者。

②属类竞争者:提供不同产品以满足同一需要的竞争者。

③产品形式竞争者:提供不同规格、性能的同类产品以满足同一需要的竞争者。

④品牌竞争者:提供不同品牌的同类产品以满足同一需要的竞争者。

(6)有关公众:指对企业的营销活动有实际的潜在利害关系和影响力的一切团体和个人。包括:金融机构、新闻媒体、政府机关、协会公众、社团组织、一般群众。

3. 汽车市场营销宏观环境

汽车市场营销的宏观环境包含以下几个方面:

(1)人口环境:包括人口数量、人口质量、家庭结构、人口年龄分布、地域分布等。

(2)自然环境:现状——自然资源的减少,生态环境的恶化;对策——发展新型材料,加强对汽车节能、改进排放技术的研究,开发新型动力和新能源汽车。

(3)使用环境:汽车使用环境主要分为以下几方面。

①自然气候:温度、湿度、降雨、风沙等。

②地理因素:地形地貌、山川、河流等。

③车用燃油:价格、汽油柴油的供给比例、燃油品质等。

④公路交通:公路交通条件、汽车的普及程度等。

⑤城市道路交通:道路面积的比例、城市交通体系及结构、交通流量等。

(4)科技环境:一个国家和地区整体科技水平的现状及变化。

(5)经济环境:消费者实际收入状况、消费者储蓄与信贷状况、消费者支出模式的变化等。

(6)政策与法律环境:法律对工商业的限制,社会规范和商业道德的影响等。

(7)社会文化环境:风俗习惯,伦理道德观念,价值取向等。

4. 汽车市场营销环境分析

SWOT 分析法是对企业外部环境的机会和威胁以及内部环境的优势和劣势进行全面评估的方法。通过对企业自身的竞争优势(strength)、竞争劣势(weakness)、机会(opportunity)和威胁(threat)的确定,将公司的战略与公司内部资源、外部环境有机结合,清楚地知道公司的资源优势和缺陷,了解公司所面临的机会和挑战,对于制订公司未来的发展战略有着至关重要的意义。

SWOT 分析的步骤主要有:

(1)罗列企业的优势和劣势,可能的机会与威胁;

(2)优势、劣势与机会、威胁相组合,形成 SO、ST、WO、WT 策略;

(3)对 SO、ST、WO、WT 策略进行甄别和选择,确定企业目前应该采取的具体战略与策略。

## 技能训练一　编写汽车营销计划书

1. 技能目标

(1)掌握营销计划书的格式和制订内容。

(2)掌握编写营销计划书的作用和目的。

(3)能够分析汽车市场营销环境。

(4)能够用 SWOT 法分析我国加入 WTO 后,汽车企业的优势与劣势以及所面临的机遇与挑战。

2. 仪器工具

(1)汽车营销计划书一份。

(2)网络相关资料若干。

3. 实训步骤

以某汽车公司为对象,针对该公司即将上市的新型三厢轿车,编写市场营销计划书。

(1)进入汽车市场展开调查工作。

(2)对同性能、同价位、不同公司的轿车进行对比,找出相应的性价比。

(3)对相应的汽车营销环境进行分析,指出该环境的优缺点。

(4)对该公司的市场营销策略组合进行说明。

(5)对该公司的计划实施作出说明解释。

4. 基本要求

(1)按计划书的样本进行编写。

(2)调查得出的数据要符合事实。

(3)每组成员共同协作,完成计划书。

5. 提交资料

(1)每组/人提交一份汽车营销计划书。

(2)每人提交一份说明书,内容是:用 SWOT 法分析我国加入 WTO 后,国内汽车企业的优势与劣势以及所面临的机遇与挑战。

## 知识能力训练

**一、填空题**

1. 市场营销的四要素是指__________、__________、__________和__________。

2. 市场营销的核心是__________。

3. 市场营销观念的演变与发展,可归纳为 5 种,即__________、产品观念、__________、市场营销观念和__________观念。

4. 汽车市场营销环境是指__________。

5. 汽车市场营销微观环境包括:__________、__________、营销中介、顾客、__________、有关公众。

6. SWOT 分析法是____________________。

**二、问答题**

1. 制订汽车企业营销计划的内容有哪些?

2. 汽车营销计划应掌握三条原则是什么?

3. 什么是市场和市场营销?两者有什么关系?

4. 市场营销观念发展至今,可以归纳为哪 5 种?

5. 什么是市场营销组合?

6. 什么是 4Cs 营销组合?什么是 4V 组合?

# 学习情境二　汽车市场调查与预测

**知识目标**

能正确陈述汽车市场调查的内容；

能正确陈述汽车市场调查的方法和手段；

能用科学的方法、客观的态度对相关的市场信息进行系统的搜集、记录、整理和分析，从而掌握汽车市场的现状及其发展趋势。

**技能目标**

具有运用汽车市场营销调查方法进行调查实践的能力；

能应用汽车市场调查技术进行市场调查；

能撰写汽车市场调查报告。

## 子情境一　汽车市场调查的方法

### 一、汽车市场调查

市场调查是指运用科学的方法，系统地、有目的地搜集、记录、整理有关市场的营销信息和资料，分析市场情况，了解市场的现状及其发展趋势，为市场预测和营销决策提供客观的、正确的信息。

汽车市场调查主要是对汽车市场的宏观和微观环境因素进行调查，了解环境的变化对市场营销的影响，从而指导企业市场营销策略的制订和调整。

1. 汽车市场调查的意义和作用

(1)汽车市场调查的意义：汽车市场调查就是指对汽车用户及其购买力、购买对象、购买习惯、未来购买动向和同行业的情况等方面进行全部或局部的了解。

具体地说，汽车市场调查，就是以汽车消费群为确定的调查对象，发现和提出汽车销售企业营销的问题，用科学的方法、客观的态度对相关的市场信息进行系统的收集、记录、整理和分析，从而掌握市场的现状及其发展趋势。

通过对汽车市场的调查，帮助企业制订发展战略，确定企业的市场竞争策略。

(2)汽车市场调查的主要作用有：

①有利于制订科学的营销规划；

②有利于优化营销组合；

③有利于开拓新市场。

2. 汽车市场调查的内容

市场调查的内容涉及市场营销活动的整个过程，主要包括5个方面，如图2-1所示。

1）汽车产品调查

汽车产品调查包括对汽车新产品设计、开发和试销情况的了解，对现有汽车产品进行改良情况的掌握，对目标顾客在产品款式、性能、质量、包装等方面的偏好趋势进行预测。另外，定价是产品销售的必要因素，还需要对供求形势及影响价格的其他因素的变化趋势进行调查。

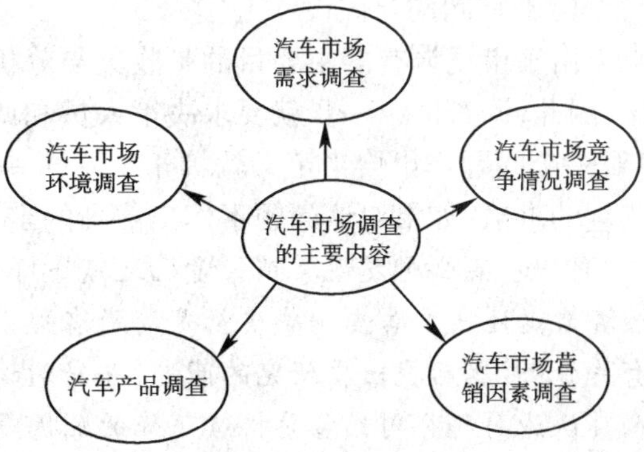


图 2-1　汽车市场调查的主要内容

2）汽车市场环境调查

市场环境调查主要包括经济环境、政治环境、社会文化环境、科学环境和自然地理环境等。具体的调查内容，可以是市场的购买力水平，经济结构，国家的方针、政策和法律法规，风俗习惯，科学发展动态，气候等各种影响市场营销的因素。

3）汽车市场需求调查

市场需求调查，主要包括消费者需求量调查、消费者收入调查、消费结构调查、消费者行为调查。其中，消费者需求调查包括消费者为什么购买、购买什么、购买数量、购买频率、购买时间、购买方式、购买习惯、购买偏好和购买后的评价等。

4）汽车市场竞争情况调查

汽车市场竞争情况调查主要是对竞争对手的营销组合、产品的市场占有率和企业实力等进行调查，以了解对手的情况。一般来说，公司需要了解竞争对手五个方面的问题：

（1）谁是我们的竞争者？

（2）对手的战略是什么？

（3）对手的目标是什么？

（4）对手的优势和劣势是什么？

（5）对手的反应模式是什么？

5）汽车市场营销因素调查

汽车市场营销因素调查主要包括产品、价格、渠道和促销的调查。

（1）产品的调查主要有了解市场上新产品开发的情况、设计的情况、消费者使用的情况、消费者的评价、产品生命周期、产品的组合情况等。

（2）产品的价格调查主要有了解消费者对价格的接受情况，对价格策略的反应等。

（3）渠道调查主要包括了解渠道的结构、中间商的情况、消费者对中间商的满意情况等。

（4）促销活动调查主要包括各种促销活动的效果，如广告实施的效果、人员推销的效果、营业推广的效果和对外宣传的市场反应等。

## 二、汽车市场调查的步骤与方法

### 1. 汽车市场调查的步骤

市场调查是由一系列收集和分析市场数据的步骤组成。某一步骤作出的决定可能影响其他后续步骤，某一步骤所做的任何修改往往意味着其他步骤也可能需要修改。

市场调查一般是按照：确定问题与假设、确定所需资料、确定收集资料的方式、抽样设计、数据收集、数据分析、调查报告编撰 7 个步骤进行的。

1)确定问题与假设

由于市场调查的主要目的是收集与分析资料,以帮助企业更好地作出决策,减少决策的失误,因此,调查的第一步就要求决策人员和调查人员认真地确定和商定研究的目标。俗话说:"对一个问题作出恰当定义就等于解决了一半"。在任意一个问题上都存在着许许多多可以调查的事情,如果对该问题不作出清晰的定义,收集信息的成本可能会超过调查结果的价值。

例如:某公司发现其销售量已连续下降达6个月之久,管理者想知道真正原因是什么,是经济衰退还是广告支出减少?是消费者偏爱转变还是代理商推销不力?市场调查者应先分析有关资料,然后找出要研究的问题,并针对该问题进一步作出假设、提出研究目标。如果调查人员认为引起公司销售量持续下降的原因是消费者偏爱转变,经进一步分析,提出假设如下:

(1)消费者认为该公司产品设计落伍;

(2)竞争产品品牌的广告设计较佳。

作出假设、给出研究目标的主要目的是为了限定调查的范围,并以将来调查所得的资料来检验所作的假设是否成立,据此写出调查报告。

2)确定所需资料

确定问题和假设之后,下一步就应决定要收集哪些资料,这自然与调查的目标有关,主要为:

(1)消费者对本公司产品及其品牌的态度如何?

(2)消费者对本公司产品的价格看法如何?

(3)本公司品牌的电视广告与竞争品牌的广告在消费者心目中的评价如何?

(4)不同社会阶层对本公司品牌与竞争品牌的态度有无差别?

3)确定收集资料的方式

制订一个收集所需信息的最有效的方式,它需要确定的有:数据来源、调查方法、调查工具、抽样计划及接触方法。

如果没有适用的现成资料(第二手资料),原始资料(第一手资料)的收集就成为必要的步骤。收集资料所采取的方式与所需的资料性质相关。

4)抽样设计

在调查阶段就应决定抽样对象是谁,由此提出抽样设计问题。其一,究竟是概率抽样还是非概率抽样,具体要视该调查所要求的准确程度而定。概率抽样的估计准确性较高,且可估计抽样误差,从统计效率来说,自然以概率抽样为好。不过,从经济观点来看,非概率抽样设计简单,可节省时间与费用。其二,一个必须决定的问题是样本数目,而这又需考虑到统计与效率问题。

5)数据收集

数据收集必须通过调查员来完成,调查员的素质会影响到调查结果的正确性。调查员以大学的市场学、心理学或社会学的学生最为理想,因为他们已接受过调查理论的学习和调查技术的训练,可降低调查误差。

6)数据分析

资料收集后,应检查所有答案,不完整的答案应考虑剔除,或者再询问该应答者,以求填补资料空缺。

资料分析应将分析结果编成统计表或统计图,方便读者了解分析结果,并可从统计资料中看出与第一步之间的关系。同时又应将结果以各类资料的百分比与平均数形式表示,使读者对分析结果形成清晰对比。不过,各种资料的百分率与平均数之间的差异是否真正有统计意义,应使用适当的统计检验方法来鉴定。例如,两种收入家庭对某种家庭用品的月消费支出,从表面上看有差异,但是否真有差异,可用平均数检定法来分析。资料还可运用相关分析、回归分析等一些统计方法来分析。

7)调查报告编撰

市场调查的最后一步是编撰一份书面报告。一般而言,书面调查报告可分专门性报告和通俗性报告两类。

(1)专门性报告的读者是对整个调查、分析方法、研究结果以及各类统计表感兴趣者,他们对市场调查的技术已有所了解。

(2)通俗性报告的读者主要兴趣在于听取市场调查专家的建议,例如一些企业的最高决策者。

2.汽车市场调查的方法

1)间接调查

间接调查也称为文案调查,是指通过搜集各种历史和现实的动态统计资料(第二手资料),从中摘取与市场调查课题有关的情报,在办公室内进行统计分析的调查方法。

例如:日本公司要进入美国市场,就查阅了美国的有关法律和进出口贸易法律条款,得知美国为限制进口。为保护本国工业,美国政府在进出口贸易法律条款中规定,收到外国公司商品报价单,一律无条件地提高50%。而美国法律中对于本国商品的定义是:一件商品,美国制造的零件所含的价值,必须占这一商品总价值的50%以上。日本公司针对这些规定,谋划出一条对策:生产一种具有20种零件的商品,在本国生产19件,在美国市场上购买1件,这一零件价值最高,其价值比率在50%以上。商品在日本组装之后再运到美国销售,就成为美国国内的产品,可以直接和美国公司竞争了。

文案调查法的特点是花费时间少,费用低,但难以得到第一手资料。

2)直接调查

第一手资料是指通过实地调查收集的资料,也称直接资料。从调查技术上分,主要有询问调查法、现场观察法、实验调查法、资料分析法和抽样调查法。

(1)询问调查法。询问调查法就是以询问的方式,收集所需要的信息资料。询问调查法主要有面谈、电话、信函、留置、日记五种方法,询问调查往往需要设计调查表,其优点是调查范围广、费用低;缺点是回收率低、回收时间长、难以得到被调查者的配合。五种询问调查方式的比较见表2-1。

**五种询问调查方式的比较** 表2-1

| 调查方式 | 面谈法 | 电话法 | 信函法 | 留置法 | 日记法 |
|---|---|---|---|---|---|
| 调查范围 | 较窄 | 较窄 | 广 | 较广 | 较广 |
| 调查对象 | 可控可选 | 可控可选 | 一般 | 可控可选 | 可控可选 |
| 影响回答的因素 | 能了解控制和判断 | 无法了解控制和判断 | 难了解控制和判断 | 能了解控制和判断 | 能了解控制和判断 |
| 回收率 | 高 | 较高 | 较低 | 较高 | 较高 |
| 回答速度 | 可快可慢 | 最快 | 慢 | 较慢 | 慢 |
| 回答质量 | 较高 | 高 | 较低 | 较高 | 较高 |
| 平均费用 | 最高 | 低 | 较低 | 一般 | 一般 |

(2)现场观察法。现场观察法是指调查人员直接到现场进行观察和记录的一种信息收集方法。这种方法取得的情况直接、能反映实际,但花费大,需要对调查人员进行培训,适用范围有限。

现场观察法的主要特点有:

①所观察的内容是观察者经过周密考虑且根据某种需要,能用自己的感官和辅助工具直接观察对象,并有目的、有计划的搜集市场资料、研究市场问题;

②能对调查对象进行系统、全面的观察;

③观察人员能在充分利用自身感官的同时,还可运用科学的观察工具;

④观察结果是当时正在发生的、处于自然状态下的市场现象。

现场观察法分为直接观察和测量观察两种基本类型:直接观察就是调查人员直接到商店、家庭、街道等处进行实地观察,以了解情况;测量观察就是运用电子仪器或机械工具调查受访对象,并进行记录和测量。

例如:顾客动作调查。当设计新店铺时,应先研究吸引顾客的最佳方式,此时,应进行顾客动作观察。

例如:交通量调查。为研究某一街道的商业价值或改善交通秩序,调查某一街道的车辆以及行人流量或方向时,可采用此法。

观察法的主要优点是被调查者没有意识到自己正在接受调查,一切动作均属自然,准确性较高。

观察法的主要缺点是观察不到内在的因素,有时需要长时间的观察方能求得结果。

(3)实验调查法。实验调查法是通过小规模的销售活动,测验某种产品或某一项营销措施的效果,以确定扩大规模的必要性。一般只限于新产品的试销、展销、试用等。这种调查方法的缺点是实验的时间过长,成本较高。

市场的实验调查要求:

①要有实验活动的主体,即实验者;

②要有实验调查所要了解的对象;

③要营造出实验对象所处的市场环境;

④要有改变市场环境的实践活动;

⑤要在实验过程中对实验对象进行检验和测定。

在展销会、试销会、订货会等场合,均可采用这种方法进行市场调查。

对于汽车商品,当其品质、设计、价格、广告、陈列方法等因素改变时,可运用本调查法。先作一小规模的实验以调查顾客反应。这种调查方法的优点是使用的方法科学,具有客观性价值。

(4)资料分析法。资料分析法是一种依靠历史和现实的动态统计资料进行统计分析的方法。如市场供求趋势分析、市场相关因素分析、市场占有率分析等。

(5)抽样调查法。抽样调查法介于普遍调查法(普查)和典型调查法之间,是市场调查中经常采用的方法。它是从全部对象中抽取一部分具有代表性的样本(普查是全部对象;典型调查是典型对象),进行调查研究,从而推断市场整体。只要样本抽样适当,便具有很强的科学性。抽样调查法需要运用统计学的有关知识。

3. 市场调查问卷的设计

市场调查问卷是一种记载需要调查的项目及内容的文件,其形式见表2-2。调查问卷设计得是否完善,直接影响到调查效果。

**汽车市场调查问卷** 表 2-2

| |
|---|
| 尊敬的客户：您好！请您抽出宝贵的时间，看一下我们的调查内容并填写问卷，您的意见对我们非常重要，非常感谢！<br>性别________ 年龄________ 学历________ 职业________<br>1. 您现在是否已有汽车：<br>A. 有 B. 无<br>2. 如果您需要买车，您会选择哪种车：<br>A. 轿车 B. 越野车 C. 商务车 D. 其他<br>3. 您所能承受的汽车价格在：<br>A. 5～10 万 B. 10 万左右 C. 10 到 15 万 D. 15 万以上<br>4. 您在购车时关注的车辆信息是：<br>A. 安全性 B. 经济型 C. 环保性 D. 性价比 E. 舒适性<br>5. 您已知的国产越野车品牌：<br>A. 北京吉普 B. 长城赛弗 C. 上海万丰 D. 大宇汽车<br>6. 影响您买车的因素有：<br>A. 造型 B. 油耗 C. 品牌 D. 价格 E. 性能 F. 其他<br>7. 您买车的用途：<br>A. 私人用 B. 商用 C. 两者都有<br>8. 您是通过何种途径了解汽车信息的：<br>A. 报纸 B. 电视 C. 广播广告 D. 展销会 E. 网络 F. 朋友介绍<br>9. 如果您出游，您将选择的方式有：<br>A. 跟旅行团去 B. 自驾车旅行 C. 个人探险<br>10. 如您购买越野车，您是否希望厂家为您提供个性化改装服务：<br>A. 希望 B. 不希望<br>11. 如您购买了越野车，您所能承受的油耗范围（以行驶一百公里计算）是：<br>A. 5 升左右 B. 5～10 升 C. 10～15 升 D. 15 升以上<br>1 ____ 2 ____ 3 ____ 4 ____ 5 ____ 6 ____ 7 ____ 8 ____ 9 ____ 10 ____ 11 ____<br>（以上资料，绝对保密！再次感谢您的参与！） |

一份比较完善的调查问卷通常由以下四部分构成：

（1）被调查者的基本情况：包括被调查者的年龄、性别、文化程度、职业、住址、家庭人均月收入等。

（2）调查内容本身：是指所调查的具体项目，它是问卷的最重要的组成部分。

（3）调查问卷说明：其内容主要包括填表目的和要求，被调查者注意事项，交表时间等。

（4）编号：有些问卷需要编号，以便分类归档，汇总统计。

# 子情境二　汽车市场预测

## 一、市场预测的内容和原则

### 1. 市场预测

市场预测就是运用科学的方法，对影响市场供求变化的诸多因素进行全面、系统的调查研究，分析和预见其发展趋势，掌握市场供求变化的规律，为经营决策提供可靠的依据。

预测为决策服务，是为了提高管理的科学水平，减少决策的盲目性，我们需要通过预测来把握经济发展或者未来市场变化的有关动态，减少未来的不确定性，降低决策可能遇到的风险，使决策目标得以顺利实现。

### 2. 预测的基本原理

以最简单易懂的说法表述预测的基本原理即以下模式：

已知→未知,过去、现在→将来

基于规律、趋势、逻辑、经验、实质的把握,而体现出分析问题的能力和手段。

3. 市场预测的内容

市场预测的内容十分广泛,市场占有率与经营效果;商品的生命周期与库存;商品的价格与购买力等,从宏观到微观,既相互联系、又相互补充。具体地讲,主要包括以下内容:

(1)预测市场商品容量及变化。市场商品容量是指有一定货币支付能力的需求总量。市场商品容量及其变化预测可分为生产资料市场预测和消费资料市场预测。生产资料市场容量预测是通过对国民经济发展方向、发展重点的研究,综合分析预测期内行业生产技术、产品结构的调整,预测工业品的需求结构、数量及其变化趋势。消费资料市场容量预测重点有以下三个方面:

①消费者购买力预测。预测消费者购买力要做好两个预测:第一,人口数量及变化预测。人口的数量及其发展速度,在很大程度上决定着消费者的消费水平。第二,消费者货币收入和支出的预测。

②预测购买力投向。消费者收入水平的高低决定着消费结构,即消费者的生活消费支出中商品性消费支出与非商品性消费支出的比例。消费结构规律是收入水平越高,非商品性消费支出会增大,如娱乐、消遣、劳务费用支出增加,在商品性支出中,用于饮食费用支出的比重大大降低。另外,还必须充分考虑消费心理对购买力投向的影响。

③预测商品需求的变化及其发展趋势。根据消费者购买力总量和购买力的投向,预测各种商品需求的数量、花色、品种、规格、质量等。

(2)预测市场价格的变化。企业生产中投入品的价格和产品的销售价格直接关系到企业盈利水平。在商品价格的预测中,要充分研究劳动生产率、生产成本、利润的变化,市场供求关系的发展趋势,货币价值和货币流通量变化以及国家经济政策对商品价格的影响。

(3)预测生产发展及其变化趋势。对生产发展及其变化趋势的预测,这是对市场中商品供给量及其变化趋势的预测。

4. 市场预测的基本要素

要做好市场预测,必须把握预测的四个基本要素:

(1)信息。信息是客观事物特性和变化的表征和反映,存在于各类载体,是预测的主要工作对象、工作基础和成果反映。

(2)方法。方法是指在预测的过程中进行质和量的分析时所采用的各种手段。预测的方法按照不同的标准可以分成不同的类别。按照预测结果属性可以分为定性预测和定量预测,按照预测时间长短的不同,可以分为长期预测、中期预测和短期预测。按照方法本身更可以分成众多的类别,最基本的是模型预测和非模型预测。

(3)分析。分析是根据有关理论所进行的思维研究活动。根据预测方法得出预测结论之后,还必须进行两个方面的分析:一是在理论上要分析预测结果是否符合经济理论和统计分析的条件;二是在实践上对预测误差进行精确性分析,并对预测结果的可靠性进行评价。

(4)判断。对预测结果采用与否,或对预测结果依据相关经济和市场动态所作的修正需要判断,同时对信息资料、预测方法的选择也需要判断。判断是预测技术中的重要因素。

5. 预测的四大原则

预测本身要借助数学、统计学等方法,也要借助于先进的科学手段。根据市场发展的历史和现状,对市场发展的趋势作出相应的推测。

1)相关原则

相关原则是指任务事物都是与周围事物相系制约、相互促进的。相关原则建立在“分类”的思维高度，关注事物（类别）之间的关联性。当了解（或假设）已知的某个事物发生变化之后，推知另一个事物的变化趋势。

最典型的相关有正相关和负相关，从思路上来讲，不完全是数据相关，更多的是“定性”相关。

(1)正相关是指事物之间的相互促进，比如，居民平均收入与“百户空调拥有量”；有的企业认识到“独生子女受到重视”推及玩具、教育相关产品和服务的市场；某地区政府反复询问企业一个问题：“人民物质文化生活水平提高究竟带来什么机遇”，这实际上是目前未知市场面临的一个最大机遇！该地区先后发展的“家电业”、“厨房革命”、“保健品”应该是充分认识和细化实施的结果，这也体现企业的机遇意识。再如，现在进行的人口普查，哪些资料是企业的“宝”，就看您怎么认识了。有个大型家具企业，创业初期把握的一个最大机遇就是：中国第三次生育浪潮中生育的人口，目前已到了成家立业的高峰。

(2)负相关是指事物之间的相互制约，是由一种事物的发展导致另一种事物受到限制，特别是“替代品”。比如资源政策、环保政策出台必然导致“一次性资源”替代品的出现，如“代木代钢”发展起来的 PVC 塑钢；某地区强制报废助力车，该地一家电动自行车企业敏锐地抓住机遇，大力发展替代品。

2)惯性原则

任何事物的发展都具有一定的惯性，即在一定时间、一定条件下保持原来的趋势和状态，这也是大多数传统预测方法的理论基础。比如“线性回归”、“趋势外推”等。

3)类推原则

根据事物的相似性，人们可以在已知某一事物的发展变化的基础上，通过类推的方法，推演出相似事物未来可能的发展趋势。这个原则也是建立在“分类”的思维高度，关注事物之间的关联性。

(1)由小见大是从某个现象推知事物发展的大趋势。例如现在有人开始购买私家汽车，您预见到什么？运用这一思路要防止以偏概全。

(2)由表及里。是从表面现象看到实质。例如“统一食品”在昆山兴建，无锡的“中萃面”应意识到什么？“海利尔”洗衣粉到苏南大力促销，“加佳洗衣粉”意识到可能是来抢市场的。换个最简单的例子说：一次性液体打火机的出现，真的就有火柴厂没有意识到威胁的例子。

(3)由此及彼。引进国外先进的管理和技术也可以根据这一推理原则加以解释。要记住一句话：上海人做的，四川人可能还没有想到；发达地区被淘汰的东西，落后地区可能有市场。

(4)由过去、现在推及以后。毛泽东说过一句话：“我不是李自成”。可见历史的东西对以后的发展是极有指导性的。换句话说：几十年以前，谁敢想象自己家有空调、电脑、电话？那么站在现在，我们问：能不能想象十几年后您会拥有自己的汽车？这种推理对商家是颇具启发的。总结一下中国家庭电视机的发展规律，也许就能从中找到商机！

(5)由远及近。比如国外的产品、技术、管理模式、营销经验、方法，因为比较进步，就代表先进的方向，可能就是国内“明天要走的路”。

(6)自下而上是从典型的局部推知全局。一个规模适中的乡镇，需要 3 台收割机，这个县有 50 个类似的乡镇，可以初步估计这个县的收割机可能的市场容量为 150 台。

(7)自上而下是从全局细分，以便认识和推知某个局部。例如：我们想知道一个 40 万人的城市中，女性骑自行车市场的容量，从 40 万人到 20 万女性再去掉 12 岁以下 50 岁以上者，还有 10 万人。调查一下女性骑自行车千人比率（假设 60%），可能的市场容量为 6 万。这个例子对大致了解一个市场是很有帮助的。

4)概率推断原则

概率推断原则是指市场发展的过程中存在着一定的必然性和偶然性,在偶然性中隐藏着必然性。我们不可能完全把握未来,但根据经验和历史,很多时候能大致预估一项事物发生的大致概率,根据这种可能性,采取对应措施。扑克、象棋游戏和企业博弈型决策都在不自觉地使用这个原则。有时我们可以通过抽样设计和调查等科学方法来确定某种情况发生的可能性。

## 二、市场预测的基本步骤

预测应当遵循一定的程序和步骤,以使工作有序化,便于统筹规划和协作。市场预测的过程大致包含以下步骤。

1. 确定预测目标

明确目的,是开展市场预测工作的第一步,因为预测的目的不同,预测的内容和项目、所需要的资料和所运用的方法都会有所不同。明确预测目标,就是根据经营活动存在的问题,拟定预测的项目,制订预测工作计划,编制预算,调配力量,组织实施,以保证市场预测工作有计划、有节奏地进行。

2. 搜集资料

进行市场预测必须掌握充分的资料。有了充分的资料,才能为市场预测提供分析、判断的可靠依据。在市场预测计划的指导下,调查和搜集预测有关资料是进行市场预测的重要一环,也是预测的基础性工作。

3. 选择预测方法

根据预测的目标以及各种预测方法的适用条件和性能,选择出合适的预测方法。有时可以运用多种预测方法来预测同一目标。预测方法的选用是否恰当,将直接影响到预测的精确性和可靠性。运用预测方法的核心是建立描述、概括研究对象特征和变化规律的模型,根据模型进行计算或者处理,即可得到预测结果。

4. 预测分析和修正

分析判断是对调查搜集的资料进行综合分析,并通过判断、推理,使感性认识上升为理性认识,从事物的现象深入到事物的本质,从而预计市场发展趋势的过程。在分析评判的基础上,通常还要根据最新信息对原预测结果进行评估和修正。

5. 编写预测报告

预测报告应该概括预测研究的主要活动过程,包括预测目标、预测对象及有关因素的分析结论、主要资料和数据,预测方法的选择和模型的建立,以及对预测结论的评估、分析和修正等。

## 三、市场预测的方法

1. 定性预测方法

它是一种经验推断方法,主要依据人们的知识、能力和经验,利用现有的直观材料,通过逻辑推理,对预测对象进行主观的估计和预测。定性预测一般有集体意见法、类推法、转导法和德尔菲法(专家意见法)四种。

1)集体意见法

这种方法是预测者召集有关人员(如企业的管理人员、业务人员等),凭他们的经验和判断共同讨论市场发展趋势，进而作出定性预测。具体做法是：预测组织者首先向企业管理人员、业务人员等有关人员提出预测项目和期限，并尽可能地向他们提供有关资料。有关人员应根据自己的经验和知识进行分析判断，提出各自的预测方案。这种方法的优点是简单易行，成本较低，但其最大缺点是受到预测人员的知识和经验的限制。

2）类推法

这种方法是应用相似性原理，将预测目标同其他类似事物加以对比分析，推断其未来发展趋势的一种定性预测方法。它一般适用于开拓市场，预测潜在购买力和需求量，以及预测增长期的商品销售等，而且适合于较长期的预测。

3）转导法

转导法也称经济指标法，它是根据政府公布的或通过调研所得的经济预测指标，转导推算出预测结果的市场预测方法。这种方法是以某种经济指标为基础进行预测，不需要复杂的数学计算，因而是一种简便易行的方法。

4）德尔菲法（专家意见法）

德尔菲是古希腊神话中的地名，传说阿波罗杀死恶龙于该地，后人常用德尔菲比喻神的高超预见能力。德尔菲法的基本程序是：由企业外的见多识广、具有专长的市场专家做市场预测。首先确定预测课题，再请专家（10～50人）背靠背地对需要预测的问题提出意见，主持人将各人意见综合整理后又反馈给每个人，使他们有机会比较一下他人的不同意见，并发表自己的看法，再寄给主持人。主持人综合整理后再次反馈给每个人，如此重复四五次后，一般可得出一个比较一致的意见。德尔菲法可使每位专家充分发表自己的意见，免受权威人士左右。具有多次反馈性、收敛性、匿名性的特征。但此法主要是靠主观判断，若专家选得不合适，预测结果难保准确；而且，意见反馈多次，一是比较费时间，二是可能引起专家反感。

2. *定量预测方法*

定量预测法也称统计预测法，是根据一定数据，运用数学模型来确定各变量之间的数量关系，根据数学计算和分析的结果来预测市场的未来。它可分为时间序列分析法和平均预测法两类。

1）时间序列分析法

时间序列分析法是指某种社会经济指标同一变数的一组观测值，按时间先后顺序排列而成的数列。根据时间序列分析社会经济现象发展变化的规律，测定其发展变化的趋势和程度，运用一定的数学方法构建预测模型，并据此确定市场预测值。这种方法是利用过去的资料找出一定的发展规律，将未来的趋势与过去的变化相类似地进行预测。时间序列预测模型有多种，包括简单平均法、移动平均法和指数平滑法。其中：

指数平滑法是用指数加权的办法来进行移动平均的预测方法。它以本期实际值和本期预测值为基数，分别给这两种数以不同的权数，计算出指数平滑值。关键在于平滑系数。

2）平均预测法

平均预测法是以一定观察期内的市场现象在时间数列中的平均数作为某个未来期的预测值进行市场预测的方法。常见的平均预测法有简单平均法、移动平均法和加权平均法。

（1）简单平均法。简单平均法是以一定观察期内预测变量的算术平均数作为下期预测值的预测方法。这种方法基于下列假设：“过去这样，今后也将这样”，把近期和远期数据等同化和平均化，因此，简单平均法只能适用于趋势比较稳定的时间序列的短期预测。其计算公式为：

$$\overline{X}=\frac{X_1+X_2+\cdots X_n}{n}=\frac{\sum_{i=1}^{n}}{n}, \text{或简写成}: \overline{X}=\frac{\sum X}{n}$$

式中,$\overline{X}$ 为平均数;$X_i$ 为各期实际数,$n$ 为期数。

例如:根据某公司 1 ~6 月份销售额(表 2-3),试预测 7 月份销售额。

**某公司 1 ~6 月份销售情况表**　　表 2-3

| 月份 | 1 | 2 | 3 | 4 | 5 | 6 |
|---|---|---|---|---|---|---|
| 销售额 | 21 | 19.5 | 20 | 19.7 | 20.1 | 20.3 |

$$\overline{X}=\frac{\sum X}{n}=\frac{21+19.5+20+19.7+20.1+20.3}{6}=20.1$$

即:预测该公司 7 月份的销售额为 20.1。

(2)移动平均法。移动平均法是将统计出来的资料按一定期数,逐次推移进行算术平均处理的一种预测方法。它有加权移动平均法、一次移动平均法和二次移动平均法等。移动平均法的关键在于期数。

(3)加权平均法。加权平均法是根据时间数列的各个数据对预测值的影响度,分别给各个数据以不同的权数后,计算加权平均数,并将其作为下期数据的预测值。

**调研方案示例**

## 某市一汽丰田 4S 店市场调研方案

**一、调研目的**

1. 了解本公司品牌汽车市场情况。
2. 分析影响各车型销售的原因。
3. 分析企业与使用顾客、潜在顾客的感情沟通状况。
4. 本公司的售后服务状况。

**二、研究内容**

(一)市场情况

1. 公司所售车型的社会保有量、市场份额情况,潜在消费者首选车型的比例和规格,对同类车型性能的比较,同类产品价格比较。
2. 所售车型的知名度及其所处的地位,本公司的社会知名度及所处地位。
3. 影响汽车购买的因素:经济环境、服务质量、影响源(媒体与舆论、竞争对手分布等)。

(二)广告情况

企业、产品广告的接触率,广告评价,广告形式、内容、途径的改进意见。

(三)售后服务

售后服务的技术、售后服务的质量,需要改进的建议。

(四)基本情况

性别、文化程度、年龄、职业、个人收入。

**三、调研方式**

1. 售后服务现场调查。

2. 购车用户电话或上门拜访。

3. 驾驶学校、出租公司访查。

4. 问卷为主调研。

## 四、样本情况

1. 城市样本:×××市。

2. 集体样本:从全市范围随机抽取3所驾驶学校、两家汽车出租公司。

3. 老顾客样本:从购车客户中调查50~100人。

4. 潜在顾客样本:目标消费群随机抽取50~100人。

5. 经销商样本:同车型竞争对手两家、竞争车型3~5家。

## 五、调研日程

调查准备:3月1日前完成

制订计划:3月2日~3月10日

实施计划:3月11日~4月1日

数据整理:4月2日~4月10日

报告写作汇总:4月11日~4月21日

提交:4月25日

## 六、调研经费

1. 问卷设计调查经费小计:2000元。

问卷费400元;调查费600元;礼品费400元;公关费300元;分析处理费300元。

2. 访谈会经费小计:1000元。

招待费400元;礼品费300元;公关费200元;场租费100元。

3. 管理费小计:300元。

4. 经费总计:3300元。

## 七、调查问卷

您好!

欢迎您填写这份调研问卷。我们×××公司针对一汽丰田品牌进行调研,请您将真实的情况和想法提供给我们。本问卷答案无所谓对错,您的回答将按照国家统计法予以保密。

占用您的时间,向您表示衷心的感谢,同时送上一个小礼品。请您在相应的空格内打“√”。

1. 您的性别是:

□男　□女

2. 您的年龄是:

□18~22岁　□22~30岁　□30~40岁　□40~50岁　□50岁以上

3. 您的最高学历是:

□初中及以下　□高中　□中专　□大专　□本科　□研究生及以上

4. 您的个人月收入(包括各种来源):

□1000元以下　□1001~2000元　□2001~3000元　□3001~5000元　□5000元以上

5. 您的职业状况是:

□政府部门管理人员　□国有企业管理人员　□外企、私企员工　□外企、私企管理

人员 □事业单位(学校、医院)工作人员 □事业单位管理人员 □专业人士(医生、律师、记者等) □文艺体育类工作者 □学生 □其他

6. 您现在是否已有汽车?

□有 □没有

7. 如果您买汽车的话您会买哪种车?

□轿车 □越野车 □商务车 □其他

8. 请问您有几年驾龄?

□正在考驾照 □1 年 □3~5 年 □5 年以上

9. 您所能承受的汽车价位在:

□3~5 万元 □5~10 万元 □10 万元左右 □10~15 万元 □15 万元以上

10. 您在购车时关注的车辆信息是:

□安全性 □经济性 □环保性 □性价比 □舒适性

11. 影响您购车的因素是:

□造型 □油耗 □品牌 □价格 □性能 □其他

12. 您通过何种途径了解到我们一汽丰田汽车的信息:

□报纸 □电视 □广播 □广告 □展销会 □网络 □朋友介绍

13. 您购买汽车最看重的因素是:

□价格 □品牌 □性能 □外观 □内饰配置精美 □安全性好 □内部空间宽敞 □售后服务水平 □配置

14. 您最喜欢的汽车颜色是:

□红 □黑 □白 □银 □墨绿 □浅黄 □金色 □浅绿 □其他

15. 您最担心购车后会出现什么问题(单选)?

□车辆质量 □售后服务 □安全性 □其他

16. 您知道我们 4s 店的地址吗?

□知道 □不知道

17. 您买家用轿车是因为:

□经济条件允许 □自己开着玩,个人喜好 □上下班驾驶,代步工具 □气派,赶时髦 □周围邻居或熟人都有 □为了旅游,出行方便 □其他(具体写出)

18. 您所知道的家用轿车品牌有哪些?

□威驰 □捷达 □锐志 □卡罗拉 □别克 □飞度 □普锐斯 □其他

您最喜欢以上轿车中的哪两种?

A. 首先(　　　　) B. 其次(　　　　)

19. 您之所以喜欢这款车是因为(可多选):

□价格实惠 □维修方便 □有一定知名度 □别无选择 □朋友介绍 □其他

20. 您一般会在什么情况下换车:

□车辆报废 □经济条件允许 □看个人兴趣 □有合适的新车型

21. 您目前开的这款车性能如何?

□很好 □较好 □好 □一般 □差

22. 您知道一汽丰田的哪些品牌(可多选):

□威驰 □皇冠 □锐志 □卡罗拉 □普锐斯 □普拉多 □陆地巡洋舰

23. 您在选择购车地点时，首要因素是：

□离家近 □价格最低 □服务质量高 □有实力的 □有熟人的销售企业 □其他

24. 您喜欢的付款方式是：

□现金 □转账支票 □分期付款 □消费信贷

25. 您认为应该从何种渠道做广告效果更好：

□电视 □网络 □电台 □报纸 □专业杂志 □其他

26. 您进行汽车维护时，首先考虑的是：

□服务质量 □技术水平 □保养设备 □交通便利 □其他

27. 您认为售后服务还需在哪些方面改进（可多选）？

□技术 □服务质量 □环境设施 □服务规范化 □配件价格 □其他

28. 您认为哪种销售人员值得信赖？

□稳重 □灵活 □专业 □能言善辩 □其他

29. 您是从何种渠道知道我公司的（可多选）？

□电视广告 □报刊 □熟人介绍 □网络 □其他途径

30. 您对我公司提供的服务满意吗？

□很满意 □满意 □一般 □不满意 □不知道

感谢您的合作。祝您全家愉快。谢谢！

## 技能训练二 ××汽车售后服务客户满意度调查

1. 技能目标

（1）掌握市场调查的方法和手段。

（2）掌握市场调查的作用和目的。

（3）能够用汽车市场调查的方法开展调查活动。

（4）能够撰写“汽车售后服务客户满意度调查表”。

2. 仪器工具

（1）调查计划书一份（自行设计）。

（2）调查问卷若干（按正规格式设计）。

（3）网络相关资料若干。

（4）4S 店的车型介绍文字及相关客户资料。

3. 实训步骤

针对某针对某 4S 店汽车的销售流量，对该汽车进行售后客户满意度调查，并对该 4S 店的服务进行整体评价。

（1）制订调查计划，针对某一车型进行详细的质量与售后服务分析。

（2）设计调查问卷，针对销售过程、售后服务及维修等方面提出问题。

（3）收集调查问卷资料。

（4）撰写调查报告。

4. 基本要求

（1）按计划书的模本进行编写。

（2）要求调查得出的数据符合事实。

(3)要求每组成员共同协作,完成计划书。

5. 提交资料

(1)每组/人提交一份调查报告计划书。

(2)每人提交一份总结报告,分析出该调查报告的优缺点,总结经验。

## 知识能力训练

**一、填空题**

(1)获得二手资料的调查研究方法是指____________调查法。

(2)在抽样调查时,采用一定的方法抽取具有代表性的样本,以及各种抽样操作技巧和工作程序等的总称称为____________。

(3)一般调查问卷的问句有两个基本组成部分:问句的____________和问句的反应模式。

**二、问答题**

(1)市场调查方法中的问卷法可分为哪几种?

(2)简述汽车市场需求调查的主要内容。

(3)汽车市场调查的主要内容有什么?

(4)设计一份关于国产家用轿车调查的问卷,并进行实践调查,最后写出调查报告。

(5)什么是市场预测?有哪些特点?市场预测的基本步骤有哪些?

(6)简述汽车市场预测的基本程序。

(7)简述从汽车企业的角度进行的市场预测应包括的内容。

# 学习情境三　汽车销售技术

**知识目标**

能正确掌握汽车销售人员的业务知识,了解汽车销售的分类;
能够描述出汽车销售前所需的准备工作;
熟练掌握汽车的销售流程。

**技能目标**

能正确掌握并收集市场与消费者信息,能够根据需要为客户制订出相关的信息表;
掌握汽车展示的方式和处理客户异议的技巧。

## 子情境一　消费者的购买行为

### 一、基本概念

1. 消费者

消费者是指为个人的目的购买或使用商品和接受服务的社会成员。

2. 消费行为

消费行为是指消费者在内外部环境的刺激下,为了满足生活消费需要,围绕着消费品的购买所产生的内在心理活动过程和外在行为过程的总和。德尔·霍金斯等人在其《消费者行为》一书中认为,"消费者行为学是研究个体、群体和组织为满足其需要而如何选择、获取、使用处置产品、服务、体验和想法,以及由此对消费者和社会的影响。"

3. 消费者市场(consumermarket)

消费者市场是指由消费用户所组成的市场。一切企业,无论是生产企业还是服务企业或商业企业,也无论是否直接为消费者服务,都必须研究消费者市场,因为只有消费者市场才是商品的最终归宿,即最终市场。从这个意义上,可以说,消费者市场是一切市场的基础,是最终起决定作用的市场。

4. 消费者市场的特点

消费市场的特点主要是指消费人数众多,分布广泛;单次购买量小;需求复杂多样;需求弹性大;购买的非专业性;购买力的分散性。

### 二、消费者购买行为模式

1. 复杂的购买行为模式

(1)特点:消费者的选择决策时间比较长,比较深入细致,会认真注意各品牌之间的差别,并进行较理智的决策。其行为模式为:

刺激 → 处理全过程（深介入）→ 反应

(2)影响因素:产品比较重要,价格高或效用大;品牌差异度比较大;对消费者来说是一个新的购买问题,需要一个认识学习过程;消费者自身个性往往比较谨慎。

2. 不协调减少的购买行为模式

(1)特点:消费者在处理过程中就感到犹豫不确定,在购买之后有时会产生一种不协调的感觉。

第一种情况为:

刺激 → 处理全过程（深介入）→ 反应 → 不协调 → 再认识

第二种情况为:

刺激 → 反应 → 不协调 → 再认识

(2)影响因素。

第一种情况的产生与以下因素有关:产品重要,但品牌差异度比较小;消费者在决策时难以认定而产生犹豫;事后可能听到有关其他产品的优点或已购买产品的缺点;有可能的确是上当受骗了。

第二种情况的产生多半是因为决策时间紧迫,或当时没有选择余地,事后会感到不协调、困惑或不满。

3. 寻求多样化的购买行为模式

(1)特点:消费者在处理过程中有明显的尝新、求异心理,行为模式特点表现为:

刺激 → 处理（浅涉，尝新求异心理强）→ 反应（经常变化）

(2)影响因素:所购买的产品一般不太重要;需要经常购买;各品牌间未必有明显的优劣之分,但会有口味、款式等类别差异,因而容易产生尝新求异心理。

消费者寻求多样化的表现实际上有多种情况:

①寻求不同特色,满足尝新求异心理;

②选择不同档次产品,适应不同场合的消费需要,解决资金有限问题;

③如果产品是易耗品或劳务,消费者是通过在不同时间中进行不同选择来实现多样化的;如果产品是耐用品或半耐用品,消费者有必要和可能同时具备多个同类消费品,他可以在不同时间陆续购买、在空间上实现多样化;如果产品是高档耐用品,消费者难以同时拥有多个同类产品,他可以通过在更新换代时选择与前有不同特色的产品,来满足尝新求异心理。

4. 常规或习惯性购买行为模式

(1)特点:消费者在受到某种刺激之后,无须作出多少处理,就会很快作出较为稳定的反应;事后,不会作出认真评价。其行为模式为:

刺激 → 反应 → 很少评价

(2)影响因素:产品不重要或品牌差异不大;经常会重复购买,消费者自身的求稳心理强;消费者在选择上可能受到某种限制。寻求多样化和习惯性购买是相对而言的,关键是频率的高低。

5. 冲动性购买行为模式

(1)特点:消费者在处理过程当中,受到短期内涌起的激情所支配,使之没有认真决策就产生某种行为反应,待冷静下来以后往往后悔不迭。其行为模式为:

刺激 → 激情 → 反应 → 往往后悔

(2)影响因素:刺激可能太强烈,如产品十分漂亮、价格特别便宜、推销者非常能鼓动;产品一般,价格比较便宜、代价不高;消费者个性比较容易冲动,属情绪型。

## 三、消费者购买行为分析

影响汽车私人消费市场购买行为的因素很多,主要包括文化因素、社会因素、个人因素、心理因素。

1. 文化因素

(1)社会文化。从广义的角度理解,文化是指人类社会历史发展过程中所创造的物质财富和精神财富的总和,它既包括人类生产的物质财富和提供的各种服务,也包括价值观念、伦理道德、风俗习惯、行为规范、宗教信仰等意识范畴。不同民族、不同社会,其文化内涵的差别很大。因此社会文化因素对汽车消费者行为有着广泛的深刻影响。

(2)亚文化。亚文化又称小文化、集体文化或副文化。它是指仅仅为社会上一部分成员所接受或为某一社会群体所特有的文化。它为某种文化群体带来更明确的认同感和集体感。亚文化群体的成员不仅具有与主流文化共同的价值观念,还具有自己独特的生活方式和行为规范。就汽车消费者购买行为而言,亚文化的影响更为直接和重要,有时甚至是根深蒂固的。

(3)社会阶层。社会阶层是指一个人在社会中的地位或在社会结构中所占据的位置。很显然,一个人的社会地位不同,其价值取向也是不同的。

2. 社会因素

汽车私人消费市场的购买行为也经常受到一系列社会因素的影响。这些因素主要有:参照群体、家庭、角色与地位。

(1)参照群体。参照群体是指对个人的态度具有直接或间接影响的群体。它可是一个团体组织,也可能是某几个人;可能是正式的群体,也可能是非正式的群体。参照群体是人们效仿的对象和行动的指南,在缺乏客观标准的情况下,个人的消费选择往往以群体的标准为依据。比如,几个相处较好的朋友就可能会购买同一品牌的轿车。

(2)家庭。家庭是以婚姻、血缘和有继承关系的成员为基础形成的一种社会单位。大部分的消费行为是以家庭为单位进行的,在一个典型的现代家庭中,作为家庭成员的丈夫、妻子以及子女在购买决策中的角色各不相同。首先,夫妻二人购买决策权的大小取决于家庭生活习惯、内部分工、收入与受教育程度等。一般来说,在家庭的购买活动中,丈夫与妻子的购买参与程度因所购汽车的车型及品牌不同而不同,子女的影响力也不容忽视。汽车企业及其市场营销人员应认真研究特定目标市场的特定家庭模式,确定不同家庭成员在购买汽车产品中的影响力,并采取相应的措施来影响家庭成员的选择。

(3)角色与地位。角色是社会期望个人所承担的活动,每种角色都有相应的地位,它反映了社会对个人的综合评价。一个人在一生中会从属于许多群体,个人在群体中的位置取决于个人的角色与地位。一个消费者同时又承担着多种不同的角色,并在特定的时间里具有特定的主导角色,每种角色都代表着不同的地位身份,并不同程度地影响着其购买行为。

3. 个人因素

消费者的购买行为还会受到个人因素的影响,具体体现在以下几个方面。

(1)年龄与生命周期。从消费者个人的角度考察,消费者的购买行为与所处年龄密切相关。随着年龄的增加,人们对汽车产品的喜好也在改变。例如,年轻人购买汽车注重汽车的动力及速度,而老年人购买汽车注重汽车的操纵方便性和驾驶安全性。从家庭角度考察,其生命周期的不同阶段也影响消费者的消费选择。只有明确目标顾客所处的生命周期阶段,才能拟定适当的营销计划。

(2)职业。一个人所从事的职业在一定程度上代表着他的社会地位,并直接影响他们的生活方式和消费行为。不同职业的消费者对汽车的购买目标是不一样的,例如,公司经理与其属下记分员所选择的车型及档次明显存在差别。汽车企业可以为特定的职业群体提供其所需的汽车产品。

(3)经济状况。个人的经济状况对其消费选择具有重大影响,很大程度上决定着人们可用于消费的收入、对待消费的态度及借贷的能力。尤其是汽车对一般人来说属于一种高档耐用消费品,个人的经济状况达不到一定程度是不可能购买汽车的;经济状况较好的人与经济状况一般的人所选购的车型具有较大的差别。

(4)生活方式。从经济学的角度看,一个人的生活方式表明其所选择的消费分配方式以及对闲暇时间的安排,一个人对汽车产品的选择实质上是在声明他是谁,他想拥有哪类人的身份。消费者常常选择这样而不是那样的汽车产品,与其特定的生活方式及群体相联系。

(5)个性与自我观念。个性是指个人独特的心理特征,它使个人对环境作出相对一致和持久的反应。例如,有的人稳健保守,有的人则勇于冒险。个性不同会导致消费者购买行为的差异,进而影响消费者对汽车产品的品牌的选择。自我观念与个性有关,可以理解为自我定位,它对消费行为产生影响的一个重要因素是:消费者往往会选择与他们的个性及自我定位相吻合的汽车产品。另外,自我观念在一定程度上影响着人们对未来(如收入)的预期,从而影响其现在的购买决策。在汽车企业的营销活动中,应注重产品的个性化特征,根据个性特征和自我观念的不同,把消费者划分为不同的细分市场,制订相应的营销策略。

4. 心理因素

除文化、社会和个人因素外,消费者的购买行为还会受到动机、知觉、学习、信念和态度四个心理因素的影响。

(1)动机。马斯洛(Abraham H. Maslow)把人类的需要归纳为五个层次:生理需要、安全需要、社会需要、尊重需要和自我实现的需要。

(2)知觉。知觉的选择性分为:选择性注意、选择性扭曲、选择性保留。

(3)学习。当消费者有购买某一商品的意向时,往往会收集有关该商品的资料,加以对比;购买后会根据自己使用后的感受对该商品作出评价,这一整个过程就是学习的过程。

(4)信念和态度。消费者对消费具有一致性和相对稳定性的特点。

## 四、消费者购买决策过程

消费者是购买决策过程的参与者,在购买活动中可能扮演的角色主要有:发起者(initiator);影响者(influencer);决定者(decider);购买者(buyer);使用者(user)。

(1)发起者。即购买行为的建议人,首先提出要购买某种产品;

(2)影响者。对发起者的建议表示支持或者反对的人,这些人不能对购买行为的本身进行最终决策,但是他们的意见会对购买决策者产生影响;

(3)决策者。对是否购买,怎样购买有权进行最终决策的人;

(4)购买者。执行具体购买任务的人,会对产品的价格、质量、购买地点进行比较选择,并同卖主进行谈判后成交;

(5)使用者。是指产品的实际使用人,其决定了对产品的满意程度,会影响买后的行为和再次购买的决策。

这五种角色相辅相成,共同促成了购买行为,是企业营销的主要对象。必须指出的是,五种角色的存在并不意味着每一种购买决策都必须要五人以上才能作出,在实际购买行为中有些角色可在一个人身上兼而有之。使用者可能也是发起者,决策者可能也是购买者。而在非重要的购买决策活动中,参与决策的角色也会少一些。

## 五、消费者购买决策过程的主要步骤

消费者对于购买的决策过程主要有五个步骤表现为:

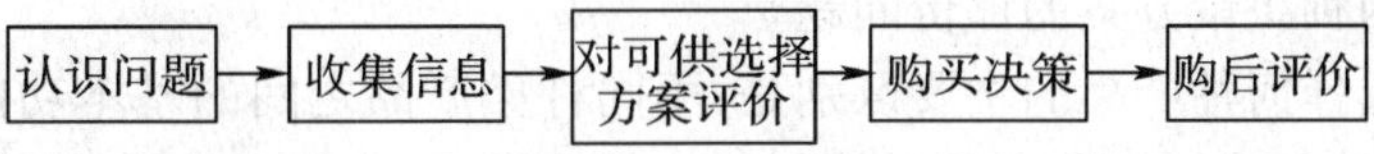


### 1. 认识问题

所谓认识问题,主要是指消费者在某种刺激下认识到理想状况与现实状况存在差距,从而产生相应的购买需要,或者产生要调整未来消费行为的意识,消费者往往是受到某种内部或外部刺激后,开始意识到一种需求。当这种需求上升到一定程度时就成为一种动力,驱使人们选择某种物品来满足,购物过程就开始了。

### 2. 收集信息

一位被唤起需求的消费者可能会去寻找更多的信息。寻找更多信息的目的主要是为了进行一系列正确的判断。收集信息的客观作用有:

①扩大需要的种类与范围;

②扩大商品的选择范围;

③修正对商品的信念;

④减少决策风险。

收集信息的各种作用归根到底是帮助消费者判断如何决策更为正确,侧重于寻找哪些信息,取决于当时所认识到的问题。有的侧重于某类商品是否如营销者所说的那样十分有用;有的侧重于一个特定的商品的质量与功效是否的确很好;有的侧重于是否还存在其他可选择的竞争品、替代品;有的侧重于了解其他人是否已经购买这种商品,以增强购买信心或有必要与其他人趋同等。

商业信息的来源是多方面的。主要是有两个来源,一是内部来源。最开始的调研通常包括对储藏在记忆里的信息进行扫描,如此一来就可以回忆过去有关各种购买选择的经验和知识。这种信息的重新获得被称为内部搜寻。对于许多惯例性、重复性购买来说,使用储藏在记忆里的或是过去所获得的信息,进行对比性选择,进而作出决定是足够的。二是外部来源。如果内部搜寻没有产生足够的信息,消费者便会通过外部搜寻追求另外的信息。信息外部来源包括:

①个人来源,如朋友、亲戚或同事;

②营销商控制的商业性来源,如广告、销售人员或展示品及材料;

③公共来源,包括杂志或报纸上的文章或电视上的报道;

④个人经验,如实际运作、研究或测验产品。

如果是为了进行正确的品牌选择,那么收集的信息当然就是品牌信息。在信息收集和决策过程中,有许多不同含义的品牌集。包括“唤起集”、“知晓集”、“全部品牌集”、“可选集”、“备选集”,以及最后决定购买的品牌,其表达形式为:

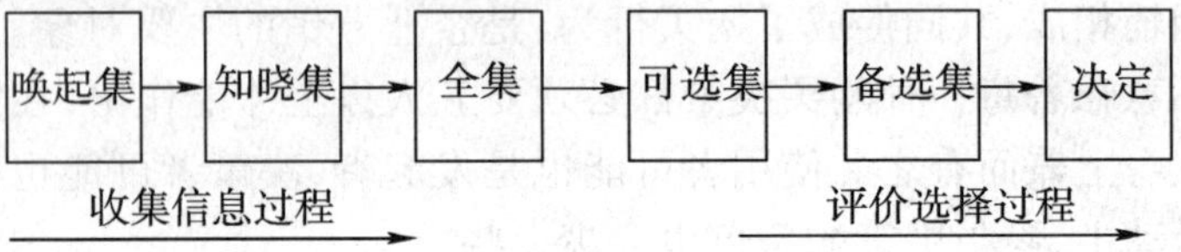


3. 方案评价

方案评价在购买全过程中比较关键,但其中的评价标准、评价方式、评价模式比较复杂,是很不容易掌握的“黑箱”,有多种消费决策问题。最主要的是购买什么产品,选择什么品牌。这里主要讨论这两种决策方案的评价问题。

选择品牌与选择何种产品的主要区别是:不同种类产品之间的基本功能或主要效用的性质有明显区别,因而在选择何种产品时的利益比较背后,隐藏着有关动机冲突。进行品牌选择是为了在满足同种需要的前提下,获得最大的品牌利益。

4. 购买决策

在方案评价之后就可能形成购买决策。如果以前没有使用过相应的产品或品牌,那么此时的评价仅仅是一种非体验性评价,很难形成正确的评价。

好的评价、较强的动机、感情上的偏爱会形成有利的购买态度,但如前所述,态度、决策、行为之间不完全一致。

由于消费者本身对评价的正确性没有把握,加之动机和感情问题,使购买决策本身的坚决程度会有多种情况。如肯定不买、不太想买、暂不作决策、有点想买、很想买、肯定买。

如果是易耗品,此时购买决策多半是试用。

5. 购后评价

购买后在使用过程中和其他信息的进一步收集过程中,会对所购产品作纵向和横向的比较,体会满意或不满意,评价其优缺点,购买决策是否正确,考虑以后是否还要购买等。

1)购后评价及行动

购买者的满足感是产品期望(E)与产品实效(P)之间的函数,即:$S = f(E \cdot P)$

$P = E$　　(satisfied 满意)

$P > E$　　(delighted 非常满意)

$P < E$　　(dissatisfied 不满意)

如果产品与期望相同,则顾客是满足的;如果产品实效超过期望,顾客就是高度满足的;如果产品低于期望,则顾客是不满足的。

顾客是根据其从卖者、朋友或其他信息源等所有得到的信息中来形成期望的。如果卖主夸大某产品的好处,顾客在使用该产品的过程中就会产生不满足。期望与实效之间的差距愈大,顾客的不满足感就愈强烈。因此,要求店铺策划者的产品诉求要忠诚地表达产品的实际功效,以使顾客感到满足。

2)购后处置

店铺策划者在处理购买者的购后行为时还需注意,购买者如何使用及处置该产品。顾客对购买后的产品不满意,通常采取的方式如图 3-1 所示。

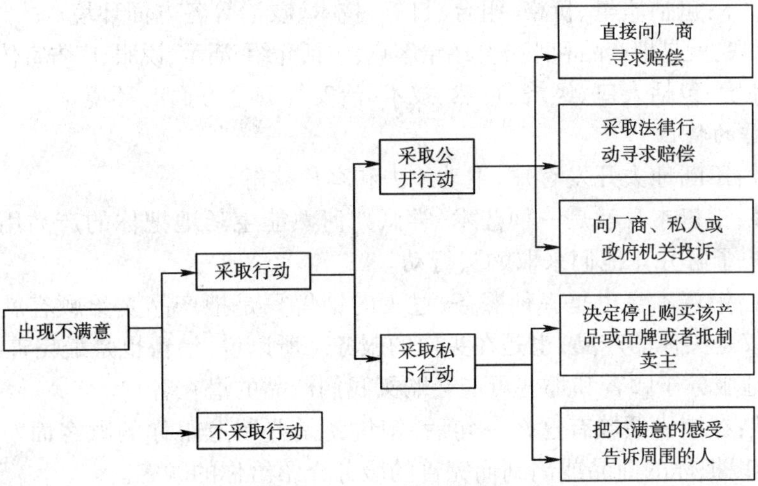


图 3-1　消费者不满意时采取的方式

# 子情境二　汽车销售技术

## 一、汽车销售基本内容

1. 销售的概念

什么是销售呢?我们的定义很单纯。销售就是介绍商品提供的利益,以满足客户特定需求的过程。商品当然包括有形商品和服务,满足客户特定的需求是指客户特定的欲望被满足,或者客户特定的问题被解决。能够满足客户这种特定需求的,唯有商品提供的特别利益。

销售的定义对我们而言是非常简单的。也就是说,您能够找出商品所能提供的特殊利益,满足客户的特殊需求。

2. 销售的含义

销售的含义有以下四个方面:

(1)销售活动是由众多要素组成的系统活动;

(2)销售的核心问题是说服客户;

(3)销售活动是商品、信息传递、心理变化等过程的统一;

(4)销售是一种设法以最方便和吸引人的方式向可能的买主介绍商品的艺术。

3. 销售的五要素及其特性

销售的五要素及其关系如图 3-2 所示。

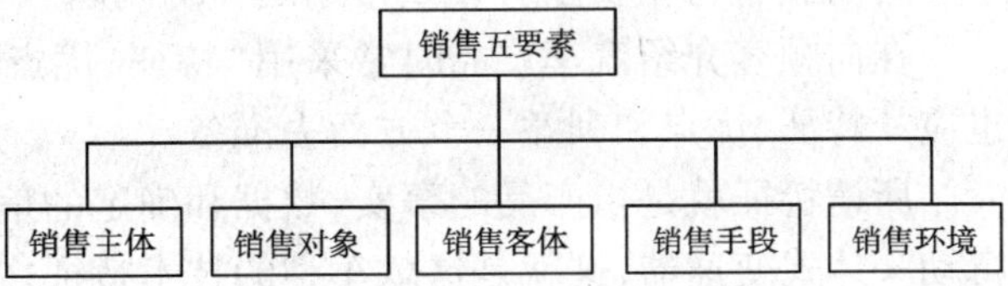


图 3-2　销售的五要素图

(1)销售主体:就是整个宏观的环境、销售的渠道、市场、竞争者及整个社会对我们的影响。10 年前网络信息还不是特别通畅的时候,销售员是去拜访客户;信息环境改变以后,我们能利用多种方式来获取信息:宏观环境对我们产生了极大的影响。

(2)销售对象:就是把销售的商品、价格、地点、时间、数量等各方面的详细情况让客户得到明确而又充分的了解。

(3)销售客体:包括质量、价格、组合、自然、技术、政治等各方面环境。

(4)销售手段:就是把产品和服务介绍给客户,包括介绍、演示、说服、广告宣传、产品质量。

(5)销售环境:包括人口、经济、自然、技术、治安等五个方面的环境。

4.销售工作的特性

(1)主动性:不断地去开发客户,主动地去和客户接触。

(2)灵活性:销售本身就是一种艺术,尝试如何熟能生巧地把你的产品用最短的时间、最快的方式让客户了解并让他们采取购买行动。

(3)服务性:销售本身也是一种服务,过去的销售只是把产品卖给顾客就完结了事,但是现在的顾客不仅是买你的产品,也是在买你的服务。所以说,销售也是最完善的服务。要求我们周到而完美地服务于顾客和那些可能会购买我们产品的潜在客户。

(4)接触性:在销售领域有这么一句话,销售就是要制造跟你的顾客面对面、肩并肩地进行接触的机会,以把你的商品或周到而完善的服务介绍给你的顾客。

(5)互通性:销售强调服务,服务并不仅局限于我们的商品和从事的商品服务让客户满意就行了,可能还有一些特殊的事情,比如附加价值的服务。

(6)时效性:销售是替我们个人、团队、企业、整个社会创造效益,所以你做的每件销售都是具有生产力的,而这种生产力对个人、企业、销售组织来讲叫做时效。

## 二、汽车销售前相关知识的准备

汽车销售人员在销售汽车前要做的准备工作非常多,从大的角度来说,凡是与汽车销售过程有关的所有事宜都需进行充分的事先准备,包括前面刚提到的汽车销售人员的业务知识要点等。在这一节中,我们主要是介绍在接触顾客或潜在的顾客之前,销售人员主要要做的准备工作,这些工作包括:汽车产品知识、市场与消费者信息和日常销售准备。

1.汽车产品知识的准备

在前面销售员的素质这部分内容中,我们说过,对于汽车销售人员来说,虽然不像汽车技术专家那样对汽车技术有着很深的了解,但要成为一个优秀的汽车销售人员,也必须掌握汽车产品销售的知识。

(1)商务知识:是指所有有关客户采购过程中的与金额、货币、付款周期及其交车时间有关的问题。如付款方式、价格等。

(2)技术知识:是指所有有关汽车技术方面的常识、技术原理、设计思路、材料的使用等都可以归纳为技术问题。如 ABS 的工作原理等。

(3)利益问题:是指客户所关心的对自己使用汽车产生的作用方面的问题。如四通道 ABS 对驾驶者行车安全有什么帮助之类的问题。

在向顾客介绍汽车产品时常采用“特征、优点、利益”(FAB)法,同样,在准备产品知识时也应从特征、优点和利益三个方面去准备。

所谓特征就是指产品的事实、数据和确定的信息。如奥迪 A6 技术领先型轿车具有手动/自动一体式变速器,这就是这款车型的技术特征之一。

所谓优点就是指产品的某一特征是如何使用的,以及是如何帮助客户解决问题的。比如,某款车型配备儿童锁功能，这一功能可防止儿童在后座无意中打开车门，尤其是行驶的时候避免发生危险，从而提高了对儿童的保护。

所谓利益就是指某一特征及其优点是如何满足客户需求的。它与优点不同的是，优点不会因顾客的不同而不同，而利益却不一样，同一特征，同一优点，对不同的客户而言，它所能带来的利益是不一样的。这里所谓的产品的利益就是指从顾客的具体需求出发，把产品的优点与客户的现实需求联系在一起，使客户更加深刻地体会产品所能给他带来的利益，进而坚定购买意志。

2. 市场与消费者信息准备

市场与消费者信息准备是指在向客户或潜在客户销售你的汽车前，你还需要了解一下，你所在的区域内汽车市场的相关信息，以及消费者的基本信息，这些信息可以通过各种方式调查后获得。这些信息对你的销售来说，非常重要，你必须了如指掌。这些信息主要包括以下一些内容。

(1)驾驶证的分布情况；

(2)有多少人有了驾驶证但尚未购车，持有驾驶证的人群按年龄、性别、职业、学历等分布情况；

(3)消费者不买车的理由及其所占比例；

(4)消费者购车前后，各种费用支出情况；

(5)消费者对汽车价格的承受能力；

(6)已购车中，各国汽车所占的比例；

(7)消费者的购车渠道以及这些渠道的现状；

(8)消费者购车最关注的问题；

(9)同一区域内各汽车品牌的竞争情况。

另外还要为与目标客户接触时所需的其他方面的信息做一些准备，如当地的文化等。市场与消费者信息准备。

3. 日常销售准备

销售员在销售汽车之前必备的工作工具主要有以下这些：

(1)备品准备。名片、车型技术指标简介、技术资料、分期付款资料、维修资料、计算器、通讯录、价格表、地图等。

(2)展示准备。车辆的整洁与光亮、内饰的展示与保洁、车辆各项功能的灵活运用、特殊装置的熟悉等。

(3)文件准备。车辆出厂证明、各类手续登记表、信息表、客户资料表、维修单等。

对销售工具的准备，我们可遵循丰田公司的基本方针：推销工具不应该是别人提供的，而应是销售人员自己去创造的，这才会体现自己的独具的魅力。例如，你在准备客户资料时，自己可以根据需要制作一张表(表3-1)。

**客户资料表格** 表3-1

| |
|---|
| 客户姓名：________ 尊称：________ 表编号：________ |
| 内容： |
| 特征： |
| 性别：男 □ 女 □ |
| 年龄：20岁以下 □ 20~30岁 □ 31~40岁 □ 41~50岁 □ 50岁以上 □ |
| 职业特点：个体老板 □ 白领职员 □ 公务员 □ 其他 □ |

续上表

| |
|---|
| 洽谈次数:1次□ 2~3□ 次3~5次□ 5次以上□ |
| 决策人:本人□配偶□子女□其他家庭成员□朋友或同事□ |
| 付款方式:一次性□ 贷款□ |
| 车身颜色:黑□ 红□ 蓝□ 白□ |
| 用途:代步□ 家用□ 办公□ 休闲□ 特殊行业□ 其他□ |
| 联系方式: |

## 三、汽车销售流程

汽车销售中的整车销售流程见图3-3。

1.寻找潜在客户

1)寻找潜在客户的原则

在寻找潜在客户的过程中,可以参考以下"MAN"原则:

M:MONEY,代表"金钱"。所选择的对象必须有一定的购买能力。

A:AUTHORITY,代表购买"决定权"。该对象对购买行为有决定、建议或反对的权力。

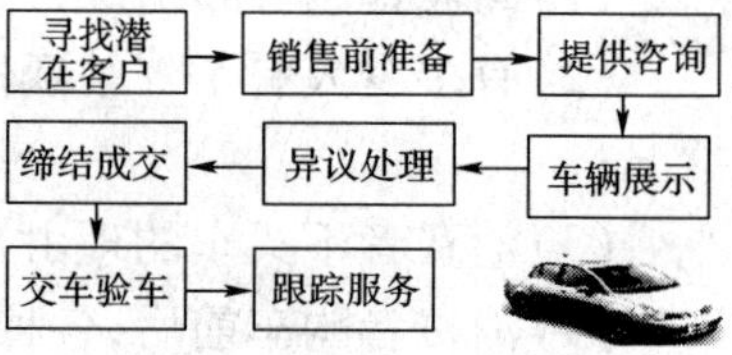


图3-3 整车销售的流程

N:NEED,代表"需求"。该对象有这方面(产品、服务)的需求。

潜在客户应该具备以上特征,但在实际操作中,会碰到各种交叉的状况,应根据具体状况采取具体对策,见表3-2。

**对待潜在客户的操作策略**

表3-2

| 购买能力 | 购买决定权 | 需求 | 情况说明 |
|---|---|---|---|
| M(有) | A(有) | N(大) | |
| m(无) | a(无) | n(无) | |
| M+A+N | | | 有购买欲望客户,是理想的销售对象 |
| M+A+n | | | 可以接触,配上熟练的销售技术,有成功的希望 |
| M+a+N | | | 可以接触,并设法找到具有A之人(有决定权的人) |
| m+A+N | | | 可以接触,需调查其业务状况、信用条件等给予融资 |
| m+a+N | | | 可以接触,应长期观察、培养,使之具备另一条件 |
| m+A+n | | | 可以接触,应长期观察、培养,使之具备另一条件 |
| M+a+n | | | 可以接触,应长期观察、培养,使之具备另一条件 |
| m+a+n | | | 非客户,停止接触 |

表中可见,潜在客户有时欠缺了某一条件(如购买力、需求或购买决定权)的情况下,仍然可以开发,只要应取适当的策略,便能使其成为企业的新客户。

(1)准确判断客户购买欲望。判断客户购买欲望的大小,有以下5个检查要点:

①对产品的关心程度:如车辆的性能、价格、售后的关心程度。

②对购入的关心程度:如对购买车辆合同是否仔细研读等。

③是否能符合各项需求:如车辆的性能是否符合要求,车辆配置的完备程度,价格的优惠程度等。

④对产品是否信赖:对房屋使用的材料品牌是否满意、施工是否仔细、地基是否稳固等。

⑤对销售企业是否有良好的印象:客户对销售人员自己印象的好坏左右着潜在客户的购买欲望。

(2)准确判断客户购买能力。判断潜在客户的购买能力,有两个检查要点

①信用状况:可从职业、身份地位等收入来源的状况,判断是否有购买能力。

②支付计划:可从客户期望一次付现,还是要求分期付款,分期支付首期金额的多寡等,判断客户的购买能力。

经由客户购买欲望及购买能力的两个因素判断后,能够决定客户的购买时间,并作出下一步计划。

2)寻找潜在客户的流程

寻找潜在客户的流程(见图3-4),首先是对将上市产品进行市场调查,并建立客户数据资料;其次是确定客户消费目标,分析消费者的大体需求;再其次是选择合适的方法寻找潜在客户,如:从参加车展举办的各种试乘试驾活动中寻找;从驾校、汽车俱乐部、汽车维修厂等汽车潜在客户集中的单位或场所中寻找;通过老客户、售后服务人员介绍;查阅电子商务资料及汽车相关的网站论坛等,都是获取大量潜在客户的好渠道。通过以上渠道确定潜在客户后,尽可能多地了解其各种信息,最后经过销售交流和沟通,可以确定客户的购买意向。

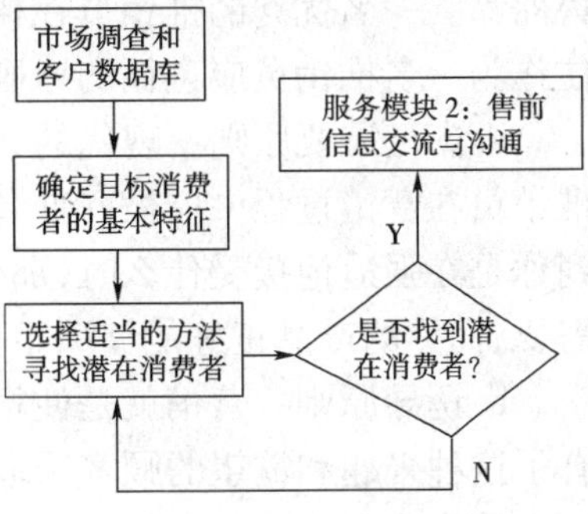

图3-4　寻找潜在消费者流程图

案例分析:汽车销售大王—乔·吉拉德

创世界纪录的美国推销员乔·吉拉德在15年的汽车销售生涯中,总共售出了13000多量汽车,他所创造的世界纪录被载入吉尼斯大全。他曾连续12年平均每天销售6辆车,成为世界上售出新汽车最多的人。他成功的秘诀如下。

①250定律:不得罪一个顾客;

②名片满天飞:向每个人推销;

③建立顾客档案:更多地了解顾客;

④猎犬计划:让顾客帮助你寻找顾客;

⑤推销产品的味道,让产品吸引顾客;

⑥诚实:推销的最佳策略;

⑦每月一卡:真正的销售始于售后。

2.销售前的准备

1)销售人员准备

(1)自我心理准备:相信自己、树立目标、把握原则、创造魅力。

要把握的原则为:满足需要原则、诱导原则、照顾顾客利益原则、保本原则。

从某种意义上讲,大多数的人都是天生的推销员。从每个人很小的时候起,就在不断地把自己推销给周围的人,让别人喜欢自己,接纳自己;说服别人借给自己某种东西;和别人达成某个交换物品的协议等。

①相信自己。相信自己会成功,这一点至关重要。并不是每个人都明确地认识到自己的推销能力。但它确实存在,所以要信任自己。人最大的敌人之一就是自己,而超越自我则是成

功的必要因素。推销人员尤其要正视自己,鼓起勇气面对自己的顾客,即使有人讥讽你不是干这行的材料也没有关系,关键是你自己怎么去看待,如果连你也这么说,那么一切就都将失去意义了,而这正是关键之所在。因此,在任何时候都要相信你自己,不要打退堂鼓,永远不要。

②树立目标。有了必胜的信心一切都可以轻松地开始了。树立一个适当的目标,是推销员在准备期中必要的心理准备之一。没有目标,是永远不可能达到胜利的彼岸的。每个人,每一项事业都要有为实现目标而建立的信念。一位成功的推销员介绍经验时说:我的秘诀是把目标数表贴在床头,每天起床、就寝时,都把今天的完成量和明天的目标额记录下来,提醒自己朝目标奋斗。可见有志者事竟成。定下你的目标,向着目标奋斗、前进,就会无往而不胜。

③把握原则。现代推销术与传统的推销术已有了很大的差别,推销员已不再只是简单兜售商品。一名优秀的推销员在树立了信心,明确了目标,走出门去面对顾客之前,还应该把握住作为一名推销员应遵循的原则:

a. 满足需要原则。现代的营销观念是汽车营销员要协助顾客,使他们的需要得到满足。推销员在营销过程中应做好准备去发现顾客的需要,极力避免"强迫"推销,假若让顾客感觉到你是在强迫他接受什么时,那你就失败了。最好的办法是利用你的推销使顾客发现自己的需要,而你的产品正好能够满足这种需要。

b. 诱导原则。营销就是使根本不了解或根本不想买这种商品的顾客产生兴趣和欲望,使有了这种兴趣和欲望的顾客采取实际行动,使已经使用了该商品的顾客再次购买,当然能够让顾客成为我们产品的义务宣传员则更是成功之举。这每一阶段的实现都需要推销员把握诱导原则,使顾客一步步跟上汽车营销的思路。

c. 照顾顾客利益原则。现代营销术与传统推销术的一个根本区别就在于,传统推销带有很强的欺骗性,而现代营销则是以"诚信"为中心,汽车营销员从顾客利益出发考虑问题。顾客在以市场为中心的今天已成为各企业争夺的对象,只有让顾客感到企业是真正站在汽车消费者的角度来考虑问题,自己的利益在整个购买过程中得到了满足和保护,这样汽车营销企业才可能从顾客那里获利。

d. 保本原则。一般来说,汽车营销员在与顾客面谈时可以根据情况与时机适当调整价格,给顾客适当的折扣或优惠,这里有一个限度问题,各企业对此要求不同,但一般来说不能降到成本线以下。这就要求推销员在出发前不仅要详细了解产品的功能、特征,还应该了解产品的成本核算。

④创造魅力。汽车营销员在营销产品中,实际上是在自我推销。一个蓬头垢面的推销员不论他所带的商品多么诱人,顾客也会说:"对不起,我现在没有购买这些东西的计划"。汽车营销员的外形不一定要美丽迷人或英俊潇洒,但却一定要让人感觉舒服。在准备阶段你能做到的就是预备一套干净得体的服装,把任何破坏形象、惹人厌恶的东西排除,充分休息,准备以充沛的体力、最佳的精神面貌出现在顾客的面前。

(2)形象准备:包括着装原则(以身体为主,服装为辅)、衣着规范。

切记要以身体为主,服装为辅。如果让服装反客为主,汽车营销人员本身就会变得无足轻重,在顾客的印象里也只有服装而没有销售人员。正如著名的时装设计大师夏奈儿所说:"一个女人如果打扮不当,您会注意她的衣着。要是她穿得无懈可击,您就注意这个女人本身。"

要按T(时间)、P(场合)、O(事件)的不同,来分别穿戴不同的服装。要根据顾客来选择与他们同一档次的服装,不能过高或过低。

无论怎样着装,着装目的要清楚,就是要让顾客喜欢而不是反感。

①男性汽车营销人员的衣着规范及仪表有以下要点。

西装:深色,有经济能力的情况下最好能选购高档一些的西装。

衬衫:一色。白色、浅色或中色,注重领子、袖口清洁,并熨烫平整。要每天更换。

领带:以中色为主,不要太花或太暗,注意和衬衣或西装颜色的搭配协调。

长裤:选用与上衣色彩质地相衬的面料,裤长以盖住鞋面为准。

便装:中性色彩,干净整齐,无油污。

皮鞋:黑色或深色,注意和衣服的搭配。如有经济能力最好选购一双名牌皮鞋。且要把鞋面擦亮,皮鞋底边擦干净。

短袜:黑色或深色,穿时不要露出里裤。

身体:要求无异味,可适当选用好一些的男士香水,但切忌香水过于浓烈。

头发:头发要疏理整齐,不要挡住额头,更不要有头皮屑。

眼睛:检查有没有眼屎、眼袋、黑眼圈和红血丝。

嘴:不要有烟气、异味、口臭,出门前可多吃口香糖。

胡子:胡须必须刮干净,最好别留胡子。

手:不留长指甲,指甲无污泥,手心干爽洁净。

②女性汽车销售人员的衣着规范及仪表有以下要点。

头发:干净整洁不留怪发,无头皮屑。

眼睛:不要有渗出的眼线、睫毛液,无眼袋、黑眼圈。

嘴唇:可以涂有口红,并且保持口气清香。

服装:西装套裙或套装,色泽以中性为好。不可穿着过于男性化或过于性感的服装,款式以简洁大方为好。

鞋子:黑色高跟淑女鞋,保持鞋面的光亮和鞋边的干净。

袜子:高筒连裤丝袜,色泽以肉色为好。

首饰:不可太过醒目和珠光宝气,最好不要佩戴三件以上的首饰。

身体:不可有异味,选择淡雅的香水。

化妆:一定要化妆,否则显得对客户不尊敬,妆容以淡妆为好,不可浓妆艳抹。

(3)销售工具的准备:公司介绍、汽车目录、地图、名片夹、通讯录、空白“合同申请表”等。

①汽车营销工具准备的好处有:

a. 容易引起顾客的注意和兴趣;

b. 使销售说明更直观、简洁和专业;

c. 预防介绍时的遗漏;

d. 缩短拜访时间;

e. 提高效率。

②汽车营销员必备的销售工具有以下几种:

公司介绍;汽车目录;地图;名片夹;通讯录;计算器;笔记用具;最新价格表;空白合同申请表;拜访记录表等专业销售表格。

3. 接待顾客和提供咨询

1)与客户接近的最适时机

时机是最重要的。争取与客户在最初的短时间内得出结论,使客户有高度的信赖感是必不可少的。

①最初的接近:在客户进入展示厅时,首先要带着对客户来访表示感谢的心情,用亲切的笑颜向客户表示问候。

②第二次的接近:在客户集中注意力于某车型时,要进入引导的过程。

③看出客户要将全部的车都想看一遍时,不要跟在后面,要让客户自由观看,给客户造成可以自由观看的气氛。

④感觉到客户需要服务时,要做到随时可以提供。要关注到展示厅内所有客户。

2)激发客户兴趣

客户的购买心理表现为:引起注意——产生兴趣——产生联想——激起欲望——比较产品——下决心购买。销售人员提供的服务有:

①别出心裁的名片;

②请教客户意见;

③告知准客户有用信息,告知可获得利益;

④指出能协助解决客户面临的问题。

3)把握顾客类型

在拜访和销售中对症下药、因人而异。

①内向型:生活较封闭,对外界表现冷淡,敏感,讨厌太过热情。

销售人员应投其所好才能谈得投机。

②随和型:易相处,不当面拒绝别人;但易忘记承诺。

销售人员应幽默风趣,有耐心和其周旋。

③刚强型:个性刚毅,对工作认真,严肃、思维缜密。

销售人员要显出严谨的工作作风,时间观念要强;经第三者介绍较好。

④神经质型:异常敏感、容易反悔;情绪不稳定,易激动。

销售人员要有耐心、言语谨慎;把握住对方的情绪变动,顺其自然,适时提出观点。

⑤虚荣型:爱表现自己,不喜欢听别人劝说,任性且嫉妒心较重。

销售人员为其提供发表高见的机会,不轻易反驳或打断其谈话,营销过程中找第三者开口附和他。

⑥好斗型:好胜、顽固,喜欢将自己的想法强加于别人,征服欲强。

销售人员必要时丢点面子("争论的胜利者往往是谈判的失败者"),准备足够的数据资料、证明材料。

⑦顽固型:老年顾客或者是在消费上具有特别偏好的顾客。

销售人员不要试图在短时间内改变这类顾客,否则容易引起对方反感,可用手中的资料、数据来说服对方,先发制人,不要给他表示拒绝机会。

⑧怀疑型:对产品和汽车营销员的人格都会提出质疑。

销售人员要对产品充满信心,但不要企图以口才取胜,应端庄严肃、态度谨慎以建立信任。

⑨沉默型:表现消极,对推销冷淡。

销售人员可提一些简单的问题刺激顾客的谈话欲,就汽车产品功能进行解说,必要时给对方一定的时间去思考。

4. 车辆展示

车辆展示是汽车销售过程中非常重要的一步,也是说服客户的关键一步。通过调研发现,在展示过程中作出购买决策的占最终购买的70%。通过车辆展示,可以充分地向客户展示你的汽车的特性,尤其是它的不同于其他汽车产品的独到之处和它能满足客户需求的不可替代之处。然而,要完美地展示车辆却不是那么容易的,它需要独特的技巧和销售人员非凡慧眼才能做到。

1)介绍汽车的特性

作为汽车销售人员,尤其是汽车行业内的销售顾问,在介绍汽车时,没有必要将汽车的所有特点都事无巨细地向客户一一介绍,而应有针对性地将产品的各种特征概括为5个方面,而且一定要努力让客户接受这个理念。在看汽车的时候,首先要想到的就是这5个方面。

这5个方面指的是汽车的造型与美观、动力与操控、舒适实用性、安全能力、超值表现。作为销售人员对所销售的汽车在这5个方面的特性一定要熟记于胸,每一个方面至少还应陈述出3个具体的要点,具体的要点可以从以下几个方面考虑。

(1)造型与美观:流线型车身的设计,车灯的设计,形状设计等;

(2)动力与操控:发动机动力,油耗,驱动性,悬挂性能设计等;

(3)舒适实用性:储物空间,人员空间,车门开启,进人的难易等;

(4)安全能力:主动安全,被动安全,安全新技术的应用;

(5)超值能力:空调区域,品牌,品质等。

2)环绕介绍——六部位介绍法

所谓环绕介绍法,就是环绕汽车产品对汽车的6个部位进行介绍,以此来展示汽车产品。这6个部位如图3-5所示。6个部位分别是:1号位:前方(左前方),2号位:驾驶座侧;3号位:乘客侧;4号位:后部(行李箱);5号位:内部;6号位:发动机室。

(1)六方位绕车介绍目的:将产品的优势与用户的需求相结合,在产品层面上建立起用户的信心。

(2)绕车介绍前的准备工作参见图3-6。

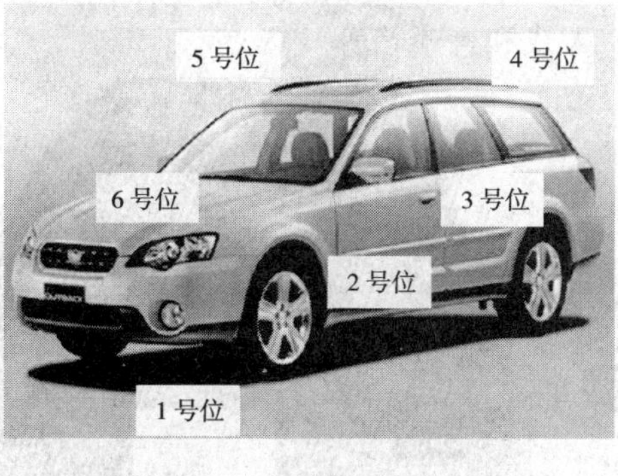


图3-5　汽车环绕介绍6部位

图3-6　绕车介绍前的准备工作

①转向盘调整至最高位置;

②确认所有座椅都调整回垂直位置;

③钥匙放在随时可取放的地方;

④驾驶员的座椅适量后移;

⑤前排乘客座椅适量后移;

⑥座椅的高度调整至最低的水平;

⑦收音机选台,磁带、CD 的准备;

⑧车辆的清洁;

⑨确保电瓶有电。

按照汽车的 1 号位至 6 号位的顺序进行。

(3)环绕介绍

1 号位:前方。最有利于看清车辆特征的角度,如图 3-7 所示。通常可以在这个位置向顾客做产品概述。

介绍内容包括:风阻系数、车身尺寸、车辆标志、车辆线条、制造工艺、车身颜色、保险杠、轮毂、后视镜、轴距和大灯等。

2 号位:驾驶座侧。做简单的巡游总结并询问顾客有什么问题,鼓励顾客打开车门进入内部,如图 3-8 所示。

图 3-7 车辆的左前方

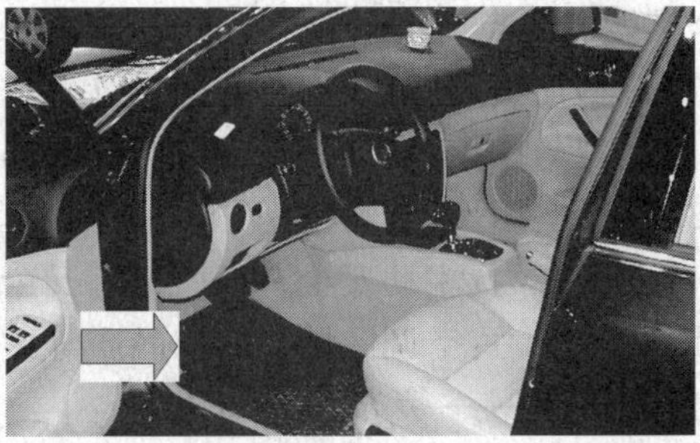

图 3-8 车辆的驾驶座侧

介绍内容包括:转向盘、电动窗、中控门锁、安全带、座椅、防盗系统和离合器等。

3 号位:乘客侧。可以考虑车辆致力于安全性能的介绍,轮胎和悬架系统(舒适性)可以在这里介绍,如图3-9所示。

介绍内容包括:车门防撞钢梁、四轮独立悬吊、车身结构、车身材质、车门、轮胎和油箱等。

4 号位:后部。可以突出尾灯和保险杠,汽车的排放也可以在这里提及,如图 3-10 所示。

介绍内容包括:大面积尾灯、一体式后保险杆、天线和行李箱等。

图 3-9 车辆的乘客侧

图 3-10 车辆的后部

5 号位:车辆内部,如图 3-11 所示。

介绍内容包括:仪表盘、安全气囊、空调、内饰、音响、内后视镜、转向盘、头枕和离合器等。

6 号位:发动机室。介绍车身和风格的好地方,如图 3-12 所示。

介绍内容包括:排量、油耗、结构性能、参数、变速器、发动机底座、碰撞吸能区、前保险杠、发动机管理系统、ABS 和发动机舱等。

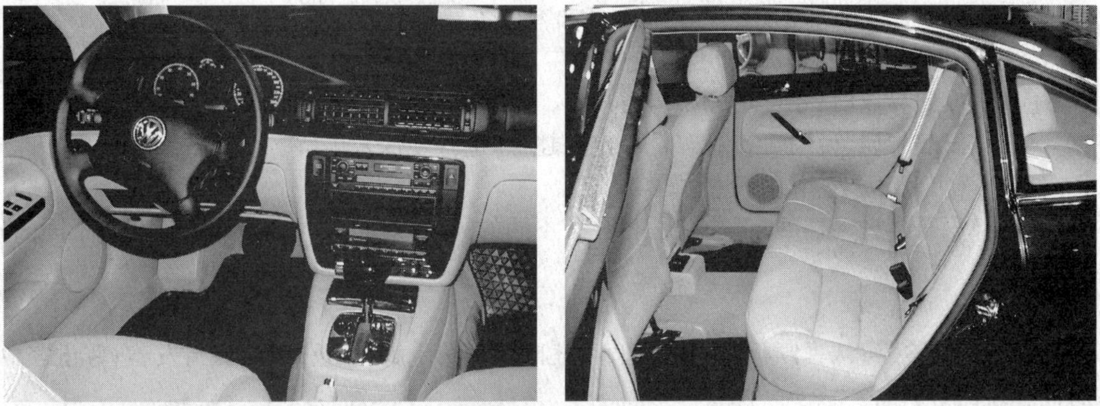

图 3-11　车辆的内部

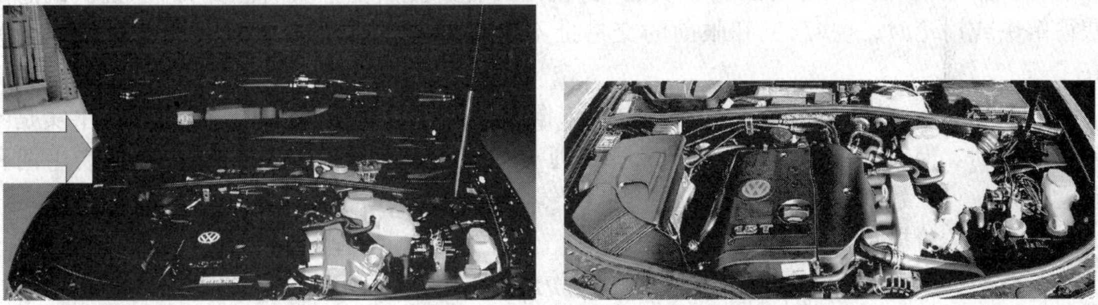

图 3-12　车辆的发动机室

5. 客户异议

所谓客户异议，是客户对销售人员或其推销活动所作出的一种态度上表现为怀疑、否定或反对的反应。简单地说，客户异议被客户用来作为拒绝购买的理由即客户的意见、问题、看法等。

1）异议产生的原因

客户异议产生的原因一般有以下几方面：

（1）没有得到足够的信息；

（2）客户没有理解或感到自己未被理解；

（3）客户有不同的见解或喜欢挑剔；

（4）客户未充分了解产品的利益；

（5）习惯性排斥销售人员、讨厌推销；

（6）缺钱或是客户根本不需要的产品和服务。

客户异议的常见表现形式有：沉默型抗拒、借口型抗拒、批评、提问、主观猜测、怀疑等。“不打无准备之仗”是销售人员避免客户异议应遵循的一个基本原则。

销售人员在走出公司大门之前就要将客户可能会提出的各种拒绝列出来，然后考虑一个完善的答复。面对客户的拒绝，事前有准备就可以胸中有数，以从容应对。如果事前无准备，就可能张皇失措，不能给客户一个圆满的答复，无法用恰当的理由去说服客户。加拿大的一些企业专门组织专家收集客户异议并制订出标准应答语，要求销售人员记住并熟练运用。

2）正确对待客户异议

要处理好顾客产生异议，首先要对异议有正确的看法与态度：

(1)异议是客户的必然反应一销售人员和客户各是一个利益主体。

(2)客户异议是销售障碍,也是成交的前奏与信号。

①客户发表异议时,才真正开始沟通;

②客户发表异议,说明对产品有了一定兴趣,想进一步深入了解。

(3)汽车营销人员应认真分析顾客异议。

顾客异议是多种多样的,不同的顾客会有不同的异议,对同一内容的异议又会有不同的异议根源。

3)妥善处理异议

态度:保持冷静;认真倾听,真诚欢迎;重述问题证明了解;慎重回答,保持友善;尊重客户,婉转应对;留有后路。

(1)忽视法。所谓"忽视法",顾名思义,就是当客户提出一些反对意见,并不是真的想要获得解决或讨论时,这些意见和眼前的交易扯不上直接的关系,您只要面带笑容地同意他就好了。

(2)补偿法。当客户提出的异议有事实依据时,应该承认并欣然接受,强力否认事实是不理智的举动。但要记住,应当给客户一些心理上补偿,让他取得内心的平衡,使他产生两种感觉:

①产品的价格与售价一致的感觉。

②产品的优点对客户是重要的,产品没有的优点对客户而言是较不重要的。

(3)太极法。太极法用在销售上的基本做法是当客户提出某些不购买的异议时,销售人员能立刻回复说:"这正是我认为您要购买的理由!"也就是销售人员能立即将客户的反对意见,直接转换成为什么他必须购买的理由。

(4)询问法。

客户:"我希望您价格再降百分之十!"

销售人员:"××总经理,我相信您一定希望我们给您百分之百的服务,难道您希望我们给的服务也打折吗?"

客户:"我希望您能提供更多的颜色让客户选择。"

销售人员:"报告××经理,我们已选择了五种最被客户接受的颜色了,难道您希望用更多颜色的产品,增加您库存的负担吗?"

询问法在处理异议中扮演着两个角色:

一是透过询问,把握住客户真正的异议点;

二是销售人员在没有确认客户反对意见重点及程度前,直接回答客户的反对意见,往往可能会引出更多的异议,让销售人员自困愁城。

(5)"是的……如果"法。

潜在客户:"这个金额太大了,不是我马上能支付的。"

销售人员:"是的,我想大多数的人都和您一样是不容易立刻支付的,如果我们能配合您的收入状况,在您发年终奖金时,多支一些,其余配合您每个月的收入,采用分期付款的方式,会让您支付起来一点也不费力。"

人有一个通性,不管有理没理,当自己的意见被别人直接反驳时,内心总是不痛快,甚至会被激怒,尤其是遭到一位素昧平生的销售人员的正面反驳。

屡次正面反驳客户,会让客户恼羞成怒,就算你说得都对,也没有恶意,还是会引起客户的反感,因此,销售人员最好不要开门见山地直接提出反对的意见。在表达不同意见时,尽量利用"是的……如果"的句法,软化不同意见的口语。用"是的"同意客户部分的意见,在"如果"部分表达另外一种状况是否比较好。

(6)直接反驳法。在"是的……如果"法的说明中,我们已强调不要直接反驳客户。直接反驳客户容易陷于与客户争辩之中,往往事后懊恼,但已很难挽回。但有些情况你必须直接反驳以导正客户不正确的观点。

例如:

①客户对企业的服务、诚信有所怀疑时。

②客户引用的资料不正确时。

出现上面两种状况时,你必须直接反驳,因为客户若对你企业的服务、诚信有所怀疑,你拿到订单的机会几乎可以说是零。例如保险企业的理赔诚信被怀疑,你会去向这家企业投保吗?如果客户引用的资料不正确,你能以正确的资料佐证你的说法,客户会很容易接受,反而对你更加信任。

6. 缔结成交

(1)购买时机:客户的购买信号为开始询问、身体语言、客户自述。

询问内容包括:贷款手续、缴款手续、指定颜色车型、交车时间及地点、交车事项、办牌照、保险等相关准备事宜、售后服务、保修等。

(2)建议购买:把握时机,建议客户作出决定。

(3)签订合同:注意合同是具有法律效力的,应重视各阶段及整个时间的可行性及各阶段的付款时间与方式;代客户办理的服务事项:上牌、汽车装潢、保险、外地牌照、相关手续、时期、费用等都应向客户交代清楚。

7. 交车、验车

包括拍牌、保险、移动证(临时牌照)

(1)对汽车进行检查,确保所需文件齐备;

(2)解释有关文件,演示汽车及一些装置的操作;

(3)介绍保养、维修的厂家、程序。

8. 跟踪服务

最后的一个步骤就是跟踪。后续工作虽然是销售过程的最后阶段,但也是下一次销售活动的开始。为了发现新的客户,最重要的确保可以从老客户那里得到,因此要经常与所有的老客户保持联系。当客户提出抱怨时。我们应该做的就是:

①仔细听取客户所提出的问题;

②分析不满的原因;

③找出解决问题的办法,一直到问题解决为止。之后要向客户进行汇报。无论有没有解决问题的最终权利,都要向客户表明销售店立场。要时常想着客户,站在客户的立场上思考问题。要求做到了解客户现在做什么想什么,与客户保持关系比解决一两个问题更重要。跟踪服务的模块和流程图见图3-13。

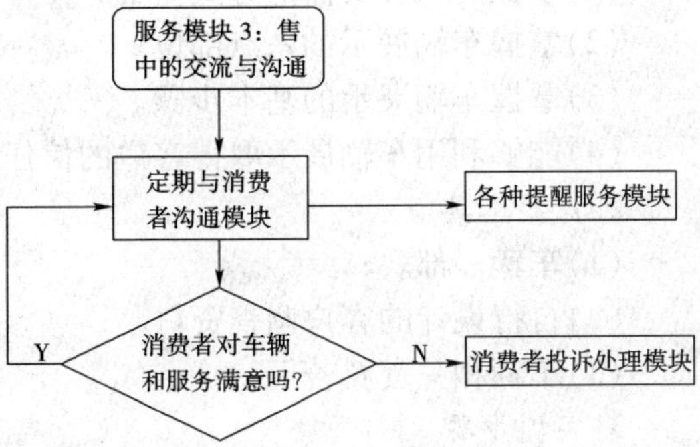


图3-13 跟踪服务的模块和流程图

## 技能训练三　销售人员礼仪

1. 技能目标

(1)学会销售人员的售前准备工作。

(2)掌握销售人员的礼仪知识。

(3)能够掌握销售人员的仪表注意事项。

(4)正确做到礼貌用语。

2. 仪器工具

(1)职业装饰。

(2)销售人员礼仪 PPT 一套。

(3)网络相关资料若干。

3. 实训步骤

训练同学们在职业岗位上应具备的自然、大方和微笑状态,树立自信,训练学生基本的职业着装、妆容的化妆技巧和修饰技能,使学生能保持较好的职业仪表仪容。

(1)微笑、眼神训练。

(2)正确的着装打扮。

(3)合适的妆容,简单化妆。

(4)指出学生着装、妆容不合适的地方。

4. 基本要求

(1)要求学生认真学习,按照指导教师的要求来进行操作。

(2)要求学生互相学习,互相讨论,共同协作。

(3)要求按照 PPT 所示,指出正确和错误的地方,加强学生的重视。

5. 提交资料

每组/人提交自己的着装、仪容的总结报告,分析出该技能训练中自己的优缺点,总结经验。

## 技能训练四　向客户展示车辆

1. 技能目标

(1)掌握与顾客交流的方式。

(2)掌握车辆展示的六点部位。

(3)掌握车辆展示的基本步骤。

(4)能够利用车辆展示取得客户的信任。

2. 仪器工具

(1)车辆一部。

(2)自行设计的客户调查资料。

(3)车辆相关资料若干。

3. 实训步骤

训练学生与客户(教师模拟)交往的基本礼仪规范和向客户介绍车型的方法。

(1)确定与客户接近的最适时机。

(2)找到相互谈话的话题。

(3)选择什么是“获取可能性客户”。

(4)可能性程度判断应该做与不应该做的事。

(5)对车辆的说明和讲解。

(6)请客户亲身体验车辆的6个部位。

4. 基本要求

(1)要求学生自行编写一份客户调查表。

(2)接待顾客需注意基本礼仪事项。

(3)展示车型时必须充分利用“六部介绍法”。

(4)要求各组共同协作,共同完成技能训练。

5. 提交资料

(1)每组/人提交一份实验记录报告。

(2)填写完整的客户基本情况表。

(3)填写实验报告,将与客户交流的过程记录备案,整理完整并分析车辆介绍过程中的得失,总结经验。

## 知识能力训练

### 一、判断题

(1)如果一个销售人员喜欢他所销售的产品,那么他将更成功。 ( )

(2)我们对推销产品的特性介绍得越多,作成这笔生意的机会就越大。 ( )

(3)如果我们谈及任何自己产品的缺点,我们将失去顾客的信任。 ( )

(4)顾客是不是都知道他们需要什么。 ( )

(5)在销售中最困难的时刻是刚开始的一段时间。 ( )

(6)顾客最关心的是价格。 ( )

(7)良好的说服力是一个销售人员最大的才能。 ( )

(8)销售人员应该礼貌地向顾客指出竞争对手的弱点。 ( )

(9)如果你自己毫无激情,销售几乎无可能。 ( )

(10)如果顾客要求一些时间来考虑,则意味着他想去你的竞争对手那里了解情况。 ( )

(11)最好的销售人员是能在最短的时间内,达到最大的销售额。 ( )

(12)与顾客成为朋友是有益的,因为我们可以影响他们的决定。 ( )

(13)顾客所做的决定,绝大多数是理性的。 ( )

(14)销售人员是公司中最重要的,没有他们就没有公司。 ( )

### 二、多选题:

(1)汽车售后服务在营销中的作用( )。

A. 汽车售后服务是买方市场条件下汽车经销商参与市场竞争的尖锐武器

B. 汽车售后服务是汽车经销商保护汽车产品消费者权益的最后一道防线

C. 汽车售后服务是保持汽车经销商的顾客满意度与忠诚度的有效举措

D. 汽车售后服务是汽车4S店或汽车经销商摆脱价格战的一剂良方

E. 汽车售后服务是汽车技术不断进步和科技不断发展的必然要求

(2)汽车销售程序包括(　　)。

A. 整车销售　　B. 销售服务　　C. 备件供应

D. 维修服务　　E. 信息反馈　　F. 按揭贷款

(3)按流程排序整车销售流程为(　　)。

A. 寻找客户　　B. 销售前准备　　C. 提供咨询

D. 交车验车　　E. 跟踪服务　　F. 缔结成交

G. 异议处理　　H. 车辆展示

(4)汽车营销员必备的销售工具有(　　)。

A. 公司介绍　　B. 汽车目录　　C. 地图

D. 名片夹　　E. 通讯录　　F. 计算器

G. 笔记用具　　H. 最新价格表　　I. 空白合同申请表

J. 拜访记录表

(5)我国汽车售后服务的现状存在的主要问题有(　　)。

A. 服务观点淡薄,服务意识不到位

B. 配件管理落后,提供劣质配件

C. 维修理念落后,维修技术欠缺

D. 服务网点少,紧急救援工作困难

E. 客户回访不够深入,信息反馈忽略严重

F. 汽车保险和信贷制度不够完善

(6)车辆环绕介绍的6个部位是指(　　)。

A. 车辆前部　　B. 发动机室　　C. 车辆乘座侧

D. 车辆后部　　E. 驾驶侧　　F. 车辆内部

G. 车辆底部　　H. 车辆顶部

## 三、问答题

(1)消费者购买行为模式有哪些?

(2)消费者购买行为的影响因素要哪些?

(3)消费者在购买活动中可能扮演的角色有哪些?

(4)汽车销售前人员的准备有哪些?

(5)简述汽车销售的整个过程。

(6)汽车产品知识的准备工作有哪些?

(7)客户异议处理技巧有哪些?

(8)客户产生异议的原因一般有哪些?

# 学习情境四　汽车配件营销服务

**知识目标**

能正确掌握汽车配件分类和选择的方法；

能正确陈述怎样合理、科学地进行汽车配件的经营与管理；

能正确描述出汽车配件的重要性。

**技能目标**

能够掌握汽车配件的市场状况，并分析出汽车配件的发展趋势；

能正确进行汽车配件的分类和选择。

## 一、我国汽车配件市场的概述

一辆汽车有成千上万个零件组成。在汽车维修企业和汽车配件经营企业中，通常将汽车零部件、汽车消耗性材料（如发动机润滑油、冷却液、制动液、自动变速器专用油等）统称汽车配件。

### 1. 我国汽车发展状况

与国际先进的汽车工业相比，我国汽车工业发展相对比较滞后，与国际先进水平相比还有一定差距，新中国成立之后到19世纪80年代，我国错过了19世纪60~70年代国际汽车工业发展的黄金时代。直到19世纪80年代中期，随着国家开放政策的全面实施，才开启了我国汽车企业国际合资合作的道路，从而加速了我国汽车工业的发展。

截至2007年年底，全国机动车保有量近16000万辆。其中，汽车近5700万辆，摩托车8700万辆，挂车87万辆，上道路行驶的拖拉机1400余万辆，其他机动车2万多辆。

2008年，全国机动车保有量继续增长，保有量达16803万余辆，与2007年底相比增长5.17%；汽车和摩托车是机动车的构成主体，占全国机动车保有量的90.68%。全国汽车保有量为6289万余辆，占机动车总量的37.43%，与2007年底相比增加10.4%。载客汽车保有量为3680万余辆，占汽车总量的58.52%，与2007年底相比增长15.64%。从市场需求看，目前我国每千人拥有不到44辆汽车。

至2009年8月底，我国机动车保有量为18000万辆，同比增长3.92%其中，其中汽车（含三轮汽车和低速载货汽车）7200余万辆，摩托车9200余万辆。

经过最近几年我国汽车产销量的高速增长，我国汽车保有量也在高速增长。我国庞大的汽车保有量为汽车配件企业提供了一个广阔的汽车售后维修和保养的市场。

### 2. 汽车配件市场现状

汽车零部件工业的水平关系着整个汽车工业的发展水平。纵观各经济发达国家汽车工业的发展，无不以其雄厚的零部件工业为基础，一些发展中国家汽车工业的兴起也是从发展汽车零部件工业起步的。据统计，2002年国内汽车零部件行业的销售总额为750亿元（人民币）。

其中，进入我国零部件行业的几家跨国公司包括美国的德尔福、日本的电装、德国的博世等世界级汽车零部件巨头。汽车工业是典型的“金字塔”工业，没有强大的零部件工业做基础，汽车工业只能是“空中楼阁”。

近年来，随着我国汽车工业的发展，汽车零部件工业也获得了长足的进步，一批产品科技含量高、效益好、规模大的汽车零部件企业逐步成长起来。我国汽车零部件产业的发展，不仅仅体现在德尔福、博世、伊顿以及米其林等世界著名零部件跨国集团大量进入中国创办独资、合资企业，而且体现在国有企业、集体和民营企业大量引进先进的技术开发手段、加工设备、管理手段和质量认证等，使得中国汽车零部件工业的整体水平得到了大大提高。这种整体水平的提高使得通用别克、广州本田、一汽奥迪 A6、上海帕萨特等车型的零部件国产化率都在短短1 年左右的时间超过40%。

1999 年我国汽车零部件工业的配套市场销售额为 1052.8 亿元人民币。这个数字包括国有企业、三资企业，更包括大量民营企业的汽车零部件产业。与国外相比，在我国 5000 多家零部件生产企业当中，重复建设、规模小、技术落后、产品更新换代慢等一些问题还是普遍存在。一些国内重点企业重配套、轻售后的观念仍未彻底扭转；汽车零部件产品中，科技含量大、效益高的电子类产品的比例较低；虽然我国汽车零部件工业重点企业资产结构较好，但获利能力较低、投入不足，总体上难以适应产品更新换代的发展要求。中国零部件产销行业正面临着从开发到生产、从经营到市场、从销售形态到服务构架、从从业人员素质到品牌意识、从市场信誉到经营理念等一系列问题，将比整车更为复杂，其面临的挑战更为严峻。我国汽车整车企业与发动机电子控制系统供应商之间的关系参见表 4-1。

**汽车整车企业与发动机电子控制系统供应商之间的市场配套关系** 表 4-1

| 公司名称 | 品牌车型 | 联电-博世 | 德尔福 | 日本电装 |
|---|---|---|---|---|
| 一汽大众 | 捷达、宝来、奥迪 | √ | | |
| 东风标致 | 富康、爱丽舍 | √ | | |
| 上海通用 | 别克、赛欧 | | √ | |
| 上海大众 | 桑塔纳、帕萨特、Polo | √ | | |
| 海南马自达 | 福美来 | | | √ |

随着全球经济竞争的日益加剧，世界发达国家的汽车零部件工业发生了新的变化，与之相应，我国汽车零部件产业也将呈现以下几个趋势：

(1)汽车零部件工业将保持与汽车工业同步发展态势；

(2)以联合、兼并、收购等方式进行产业结构调整，企业重组趋势加强；

(3)汽车零部件企业与整车企业之间将会相互独立与剥离，但零部件供应商之间协作更加紧密；

(4)技术进步速度加快，经营全球化趋势增强，汽车零部件出口面临的反倾销投诉也将增多。

目前，中国汽车电子产业处于高速增长期，近几年取得了跨越式的发展。其中车载信息系统成了汽车电子市场的引擎，也是今后的热点所在。在未来几年内，中国汽车电子产品市场将在汽车产业发展的保障下稳步发展，各类汽车电子产品在汽车中的普及率持续提高，预计中国汽车电子产品市场规模在 2010 年达到 2000 亿元，到 2012 年将达到 3000 亿元。汽车电子具有非常广阔的发展空间。

3. 我国汽车配件交易市场的特点

(1)汽车配件流通行业的需求特点主要有:需求总量同汽车产业发展具有很强的相关性;需求品种和规格的多样性;需求在时间、地点和品种上分布广;需求品质的安全性和服务的技术性。

(2)汽车零配件的经营特点主要有:汽车零配件的经营专业性强;经营库存和资本具有相对集中性;规模经济效益明显,但实现障碍较大;购销渠道的相对稳定性。

(3)当前我国汽配交易市场发展中的不足表现为:重复建设严重,大多数汽配交易市场表现出不同程度的招商不足;汽车配件交易市场的组织方式也只是完成了产品的简单集中和信息的简单集约;汽车配件交易市场一铺一主、一家一户的经营方式并没有解决汽配行业特有的库存沉淀问题;大量的经销商云集在一起并没有解决建立信用保证体系和质量保证体系的问题。

## 二、汽车配件的分类与型号

1. 科技型或高科技型零配件

这种零配件是指产品所含科技内容多,同时也是高资金型产品,要求投资大,附加价值高(主要是人工费、折旧费、税利三部分)。这种零配件靠增加劳动力是解决不了生产和质量问题的。所以,高科技型与劳动密集型往往是互相对立的概念。当然有时也会有既要高科技、高资金,又要使用比别的行业更多劳动力的劳动密集型工业企业,例如汽车变速器行业。

1)资源型零配件和准资源型配件

把原材料、燃料动力费用占成本50%以上的零配件称为资源型零配件,占成本30%~50%者称为准资源型配件。美国1980年轿车零配件分类见表4-2。

**美国1980年轿车零配件分类表**　　表4-2

| 零配件分类 | 主要零配件 | 零配件数量(个) |
|---|---|---|
| 1. 发动机 | 活塞、活塞环、汽缸垫、垫圈、气门、燃料泵、电子控制式燃料喷射泵等 | 29 |
| 2. 电气装置及电子装置 | 起动机、交流发电机、火花塞、发动机控制装置、制动系控制装置等 | 12 |
| 3. 照明、仪表等电气、电子装置 | 前照灯、速度表、刮水器电机及其他电机、各种开关、转向锁、线束等 | 15 |
| 4. 动力传动装置及操纵装置 | 离合器从动盘、手控变速器、自动变速器、转向助力装置、等速万向节、传动轴、车轮(钢质、轻合金质)、变速操纵杆等 | 26 |
| 5. 悬架及制动装置 | 钢板弹簧、减振器、制动装置(制动鼓、制动盘)、制动阻力装置、制动软管等 | 20 |
| 6. 车身 | 车架、燃料箱、窗框、车门手柄及锁、座椅及座椅弹簧、座椅安全带等 | 19 |
| 7. 附件 | 时钟、收录机、冷气装置、暖气装置、车轮罩、修理用涂料、汽车立体声音响装置等 | 9 |

按零配件的科技含量分类情况来看,中国汽车技术研究中心将评价体系分成3类7个指标,全部指标满分是50分。这些指标如下所述。

(1)产品结构：包括结构特点、主要原材料材质、原材料的品种与尺寸规格等。

(2)生产技术：包括工艺技术、生产组织特点、工人文化程度及职业培训等。

(3)艺术含量：主要指产品造型与装潢。

中国汽车技术研究中心对《汽车行业贯彻执行国家产业政策实施办法》中规定的几个主导产品，即轿车中的一汽捷达系列、二汽神龙系列、上海桑塔纳系列、轻型车中的依维柯系列和五十铃N系列，任选61个零配件，请20位专家评分，做了一次应用本指标体系的尝试，其结果如表4-3所示。

**各种零配件按科技含量分类状况** 表4-3

| 科技含量 | 零件名称 |
|---|---|
| 高科技类(35~50分) | 发动机总成、齿形带、V形泵、消声器、风扇离合器、空调设备、后视镜、座椅、油封、中央接线盒、汽车仪表、汽车铸件、模具、软内饰、特种油品、安全玻璃 |
| 科技类(25~35分) | 变速器总成、保险杠(大型塑料)、活塞、活塞环、气门、挺杆、轴瓦、油箱、空气滤清器、机油滤清器、燃油滤清器、离合器、盘式制动器、转向盘、刮水器、等速万向节、紧固件、灯具、汽车锻件、轴承、音响设备与车载电视、特种带材(轴瓦、散热器用) |
| 一般类(≤25分) | 轿车总成、高压油管、散热器、制动软管、转向器、传动轴、后桥齿轮、减振器、钢板弹簧、钢圈、玻璃升降器、风窗洗涤器、暖风机、点火线圈、火花塞、喇叭、电线束、灯泡、随车工具、蓄电池 |

2)备件分类

备件分类的方法很多，从应用的角度通常按备件的使用性质和更换的规律分类，可以分为以下几类：

(1)消耗件：在汽车运行中，一些零件自然老化、失效和到期必须更换的，如各种皮带、胶管、密封垫、电器零件(灯泡、各种塑料灯罩、火花塞、传感器、继电器、白金、分火头、分电器盖)、各种滤芯、轮胎、蓄电池等。

(2)易损件：在汽车运行中，一些零件会自然磨损而失效，如轴瓦、活塞环、活塞、凸轮轴瓦、缸套、气阀、气阀座圈、导管、主销、主销衬套、轮毂、制动鼓、各种油封、钢板销及套等。

(3)维修零件：在汽车一定的运行周期，必须更换的零件，如水箱、各种销轴类、轴承、轴齿类、各类运动件的紧固件；在一定使用寿命中必须更换的零件(如一些保安紧固件、转向节臂、半轴套管等)；在总成修理中必须更换的零件(各种密封衬垫)。

(4)基础件：基础件通常是组成汽车的一些主要总成的机体零件，价值较高，原则上它们应当是全寿命零件，但可能会因使用条件的恶劣而造成损坏，通常应予修复，但也可以更换新件。如曲轴、缸体、缸盖、凸轮轴、车架、桥壳、变速器壳等。

(5)肇事件：汽车肇事必然损坏的零件，如前梁、车身覆盖件、保险杠、驾驶室、车灯、车玻璃、传动轴、水箱、车架等。这类零件消耗通常为在用车数的2‰。

2.汽车配件的识别

汽车配件的制造厂编号代表汽车配件的型号、品种和规格，对于配件的采购和管理十分重要。编号和规格一般印在配件的包装物上，也有的打印或铸造在配件的非工作表面。国产汽车的编号有统一标准，国外汽车大都没有统一标准，而由厂家自定。

(1)国产汽车配件编号规则。中国汽车工业联合会于1990年1月1日颁布实施《汽车产品零部件编号规则》，编号方法如下：

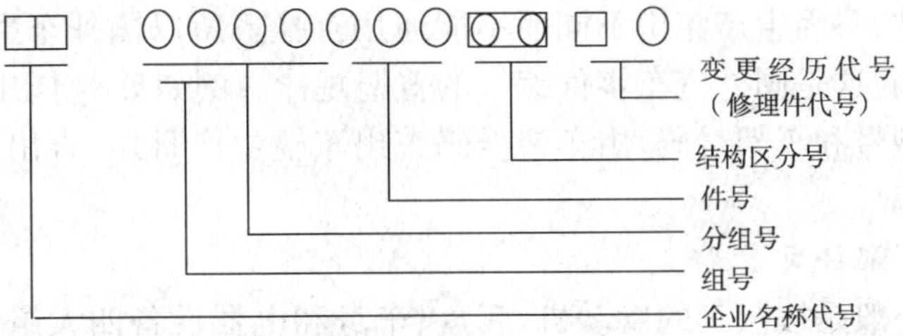


方框代表汉语拼音字母，圆圈代表阿拉伯数字，方框加圆圈在一起表示汉语拼音字母或阿拉伯数字均可。各部分意义如下：

企业名称代号：发动机零件要包括发动机型号。

组号：用两位数字表示汽车各功能系统内分系统的分类代号。

分组号：用四位数字表示总成和总成装置的分类代号。头两位数字代表它所隶属的组号，后二位数字代表它在该组内的顺序号。

件号：用三位数字表示零件、总成和总成装置的代号。

结构区分号：用两个字母或两位数字区别同一类零件、总成和总成装置图的不同结构、性能、尺寸参数的特征代号。

变更经历代号：用一个字母和一位数字表示零件、总成和总成装置图更改过程的代号，当零件或总成变化较大，并且首次更改不影响互换的用 $A_1$ 表示，依次用 $A_2$、$A_3$……排序。当零件或总成首次更改影响互换时，则跳过字母 A 而用字母 B，若再次更改而不影响互换则用 $B_1$ 表示。

修理件代号：在标准尺寸的基础上加大或减小尺寸的修理件，并按其尺寸加大或减小顺序给予代号。用两个汉语拼音字母表示，前一个字母表示修理件尺寸组别，后一字母为修理件代号，用“X”表示。当某一修理尺寸有三组尺寸时，其代号为“BX”、“CX”、“DX”。当该组修理件标准尺寸件进行影响互换的更改时，应相应更改尺寸组别代号，其字母根据更改前所用的最后字母依次向后排列。如第一次影响互换更改时，标准尺寸的更改经历代号为“E”，则相应修理件代号为“FX”、“GX”、“HX”。

对于不属独立总成的连接件或操纵件，其编号的构成如下：

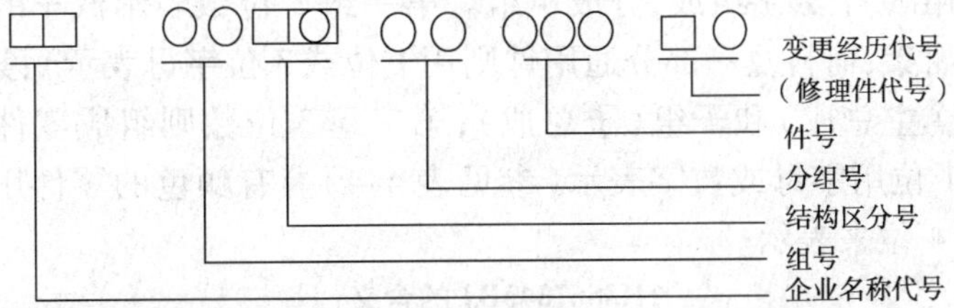


对于属于独立总成的零部件，其编号的构成如下：

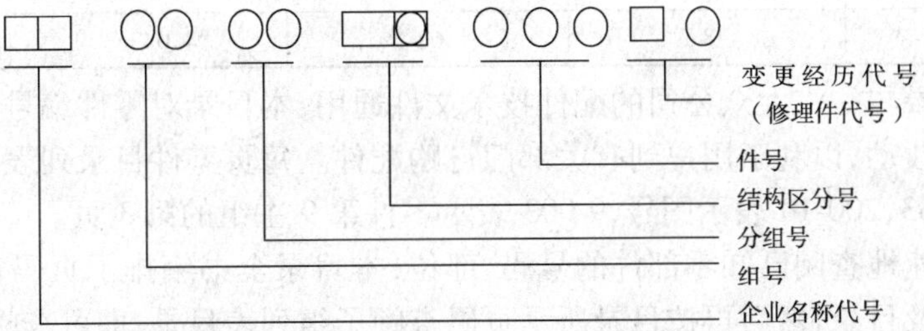


（2）国外汽车配件编号。国外汽车配件编号比较繁杂，各厂自行规定，各不相同。需要认真查对原厂的零件目录和手册。有一点需要注意的是：国外汽车车型的更新和改进较快，有些

同一车型的同一配件,只因生产年份不同而不能通用互换。所以国外车型的配件必须注意其生产年份和生产日期,这是国外汽车零件编号的普遍规律。例如日本丰田汽车,要查对零件编号必须先查出车辆型号和车架号码,由车架号码查出车辆生产日期,查出发动机型号,再从有关目录上查出零件编号。

3. 如何查阅汽车配件目录

汽车配件目录一般是按汽车的发动机、底盘、车身和电器设备四大组成部分顺序编排的。发动机按机体组、曲柄连杆机构、配气机构、燃料供给系、冷却系、润滑系、点火系和起动系排列;底盘按传动系(离合器、变速器、万向传动装置、驱动桥)、行驶系(车架、车桥、悬架、车轮)、转向系、制动系排列,接着是车身附件和电器系统。

在汽车配件目录中,一般每一总成都有拆解示图,并标明该总成各组成零件的序号(标号),对应表格中给出各标号配件的名称、编号、每车用量、通用车型等。

查阅汽车配件目录时应注意:

(1)首先要确定所查阅的配件为车辆的原有目录,否则,将无法保证所购配件是否适用。

(2)查阅前,必须确知汽车型号、发动机型号、发动机编号、底盘编号、出厂日期等参数。

例:捷达(JETTACL)ABX(四速和五速)及ACR型和捷达王(JETTAGT)轿车的配件目录。

本目录分为五个部分;第一部分是零件主组索引,按照一汽大众公司的零件主组编号,介绍各编号内的子组零部件及其名称。第二部分为零件目录正文,其中包括全部零部件的子组图解和每种零部件的编号、名称、说明、件数、适用车型等内容。第三部分为备件号码索引,它把书中全部零部件的零件号码按顺序编辑,以便使用者能在知道零件号码后查阅零件所在部位、形状、名称等有关情况。第四部分为新增备件索引。第五部分为车型和零件目录内容和符号说明附表。

汽车配件目录使用须知说明如下:

①本目录中所列出的零件按汽车的构造分成9个主总成,每一个主总成又分成若干个子总成。在主总成和子总成中,大部分的零件均按其设计结构上的从属关系排序和编号,结构图也是从这个意图出发设计的。

②一般零件号码由9个数字组成,分成4组。第一组3位数表示汽车的车型或发动机或变速器的型号(对于油漆、辅料及一部分通用件则用1位或3位字母表示);第二组3位数字表示该零件所属的主组(主总成)和子组(子总成);第三组3位数则组成零件号。当零件改进后,则在第10位第11位用字母或数字表示(参见表4-4)。有颜色的零件用三个数字或数字与字母组合在第12-14位来表示。

**1H3867043BJ 的含义** 表4-4

| 车型、型号、规格 | 主组 | 子组 | 零件号 | 更改字 |
|---|---|---|---|---|
| 1H3 | 8 | 67 | 043 | BJ |

为了使本目录与一汽大众公司的配件技术文件通用,本目录对零件编号、图号及零件主组页码等内容未做改动,以利于用户到有关部门订购配件。每页零件目录列表下端都有两组数,如:200-10和9-003,200-10表示图号,9-003表示零件第9主组的第3页。

为了直观快速地查阅已知零部件的号码、部位,本目录全书编排了页码,可先查阅第一部分零件主组索引及目录,然后再按目录所示页码查阅子组列表目录,即可查阅到已知零件子组图页号码,在由图页号码查阅零部件列表目录,即可查阅到已知零件号码、部位。

在只知零件号码的情况下,应使用本目录第三部分。首先根据所查零件号码第二组3位数字的顺序查到该零件号码所在的零件主组页码(对于第一组是字母的零件将其安排在前部,请查阅时注意),据此即可找到被查零件所在的图解及附表。

例如:欲查找311133343零件,可在第三部分零件号码索引表中4-5根据零件号码第二组3位数字133的顺序及第三组3位数字查到该零件所在零件1主组页码为1-022,再从1-022页查阅列表4-6,即可从列表中找到该零件为卡箍,图4-1为捷达轿车水软管及硬管,从中可查找到“卡箍”。

**桑塔纳轿车零件号码索引表** 表4-5

| 备件号 | 页码 | 备件号 | 页码 |
|---|---|---|---|
| ……… | 6-021 | 027121142A | 1-008 |
| B000100 | 6-009 | 035121171C | 1-032 |
| D176001A3 | 8-015 | | 1-035 |
| G000650 | 6-009 | 431 121273B | 1-038 |
| N90205601 | 9-032 | 443 121273E | 1-031 |
| 101 000001AD | 9-006 | 171121276D | 1-032 |
| 101 000005AD | 9-006 | | 2-012 |
| 101 000007AC | 9-006 | 171 121276D | 2-014 |
| 101 000044AB | 9-007 | LOC | 1-032 |
| 330 000283 | 0-001 | | 2-014 |
| 357 010049E | 0-001 | | 1-005 |
| 1GD011031 | 0-001 | 027121631A | 1-035 |
| 1GD011221 | 0-001 | 026127585 | 1-012 |
| 191 011247A | 0-001 | 056129477 | 1-007 |
| 810 019829 | 8-049 | 046129559 | 7-007 |
| LOC | 8-049 | 028129589B | 2-007 |
| 036035255E | 9-006 | 059129001 | 1-031 |
| 036035281A | 9-006 | | 2-007 |
| 052035281 | 9-006 | 056129669B | 1-012 |
| 357 035447 | 9-048 | | 2-012 |
| 357 035447A | 9-054 | 058129717B | 1-038 |
| | 9-058 | 111129720 | 2-003 |
| 357 035447B | 9-054 | | 4-009 |
| 1DO098010D | 1-006 | 06A129723B | 1-038 |
| | 1-038 | 028129748 | 1-038 |
| 4DO098050C | 1-006 | 056129777 | 6-007 |
| | | | 1-031 |
| | 9-007 | 058131193A | |
| 068103085A | 1-018 | 034131851B | 1-027 |
| 077103175B | 1-019 | 06A133225 | 2-007 |
| 06A103193B | 1-019 | 034133335 | 1-028 |
| 056103493 | 1-031 | **311133343** | 1-022 |
| 056103541 | 1-018 | 051133457 | 2-006 |
| 051103623 | 1-018 | 051133517 | 2-006 |
| 06A103634 | 1-017 | 1GD133518 | 2-006 |

续上表

| 备件号 | 页码 | 备件号 | 页码 |
| --- | --- | --- | --- |
| 026103637A | 1-018 | 1GD133519 | 2-006 |
| 06A103663A | 1-017 | 049133687H | 1-037 |
| 06A103925H | 1-038 | 022133687 | 9-006 |
| 058103931 | 9-007 | 1GD133687 | 1-034 |
| 06A103940C | 1-038 | 026133784E | 6-007 |
| 049109111C | 1-018 | | 8-019 |
| LOC | 1-018 | 044133990C | 2-005 |
| 056109143 | 1-018 | 1GD133990 | 2-005 |
| 049109166 | 9-004 | 020141073A | 3-003 |
| 058109217D | 1-006 | 085141711 | 3-002 |
| 054115147 | 1-004 | 112142261A | 9-044 |
| 025121142 | 9-019 | 027198012L | 1-005 |

**主组1发动机插图零件号名称备注件数代码表** 表4-6

| 序号 | 零件号码 | 水软管及硬管 | 备注 | 数量 |
| --- | --- | --- | --- | --- |
| 1 | 1GD121051A | 水软管<br>（散热器>水泵） | | 1 |
| 2 | N0164101<br>01/97-LOC | 弹性带夹箍<br>当地置办 | 40 | 4 |
| 3 | 1GD121056 | 水软管 | 正程 | 1 |
| 4 | N10098701 | 弹性带夹箍 | | 3 |
| 5 | **311133343** | 卡箍 | | 1 |
| 6 | 1GD121101A | 水软管<br>（法兰>水冷器） | | 1 |
| 7 | 1GD121120 | 软管支架 | | 1 |
| 8 | N90316802 | 0形圈 | 19.6×3.65 | 1 |
| 9 | 1GD121053 | 水软管<br>（法兰>水管） | | 1 |
| 10 | 1GD121065 | 水管 | | 1 |
| 11 | N0164021<br>01/97-LOC | 弹性带夹箍<br>当地置办 | 23 | 3 |
| 12 | 1GD121073 | 水软管<br>（热交换器>水管）<br>水软管及硬管 | | 1 |
| 13 | N0164031<br>01/97-LOC | 弹性带夹箍<br>当地置办 | 27 | 3 |
| 14 | 1GD121109A | 水软管<br>（补偿罐>水管） | | 1 |
| 15 | 1GD121157 | 水软管<br>（管接头>热交换器） | | 1 |
| 16 | 1GD121120A | 软管支架 | | 1 |
| 17 | | （见图4-1） | 22 | |
| 18 | 1GD121447 | 水软管<br>（涨溢罐>节流阀接管） | | 1 |

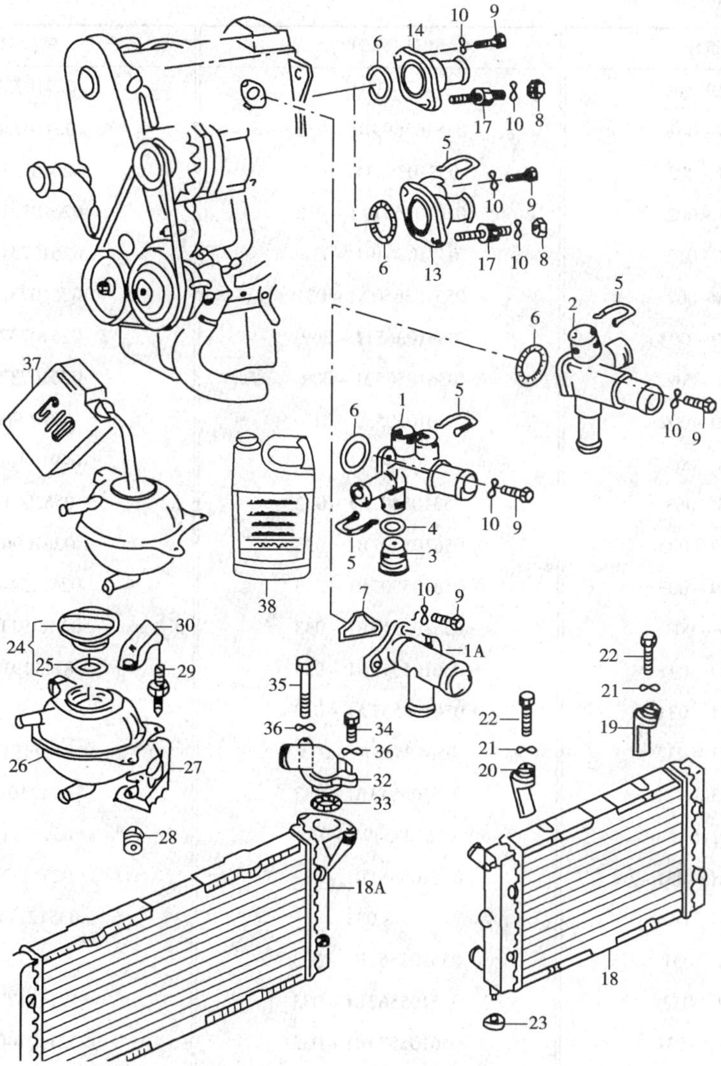


图 4-1　捷达轿车水软管及硬管

为方便用户使用,在目录中增加了新增备件索引,如需要可根据所查零件号码的第二组的 3 个数字的顺序在新增备件索引中即可查到。车型、零件目录内容和符号说明等可按此第五部分中的附表中查出。

例如:欲查找桑塔纳轿车 056103651 号零件,可在桑塔纳轿车配件目录第三部分零件号码索引表 4-7 中根据零件号码第二组 3 位数字 103 的顺序及第三组 3 位数字查到该零件所在零件大组页码(页次)为 1－009,再从 1－009 页查阅列表即可从列表 4-8、图 4-2 中找到该零件为凸轮轴轴瓦。

**桑塔纳轿车零件号码索引表**　　表 4-7

| 零件号码页次 | 零件号码页次 | 零件号码页次 |
|---|---|---|
| ZBC8579818 ~057 | 056103489A1 ~032 | 0561055971 ~033 |
| ZBC9555319 ~020 | 1 ~031 | 0561056031 ~033 |
| ZBC9597539 ~020 | 0491034911 ~032 | 0561056091 ~034 |
| ZBC959753A9 ~020 | 1 ~032 | 026107301A1 ~032 |

续上表

| 零件号码页次 | 零件号码页次 | 零件号码页次 |
|---|---|---|
| 100000018AA9～003 | 1～031 | 0271073031～032 |
| 3300110310～001 | 048103609B1～031 | 0271073051～032 |
| 3300162010～002 | 0531036234～013 | 026107311A1～032 |
| 3300162150～002 | 026103637A1～013 | 026107313A1～032 |
| 3300164008～013 | 0371036491～031 | 026107315A1～032 |
| 3300169950～002 | 055103650A1～031 | 026107321B1～032 |
| 330016995B0～002 | **0561036511～009** | 026107323C1～032 |
| 3300169970～002 | 0561036521～009 | 026107325C1～032 |
| 330016997B0～002 | 3301052532～013 | 1001090011～032 |
| 8100198298～063 | 2～011 | 049109111C1～013 |
| 8030198378～063 | 053105401F1～032 | 0561091431～013 |
| 036035255E9～003 | 056105501B1～033 | 0261096751～032 |
| 036035281A9～003 | 056105507B1～033 | 026115441A1～031 |
| 0520352819～003 | 056105513B1～033 | 026119111A1～015 |
| 171035447B9～041 | 056105519B1～034 | 8111191131～019 |
| 049103043A1～031 | 056105531A1～033 | 9～036 |
| 068103085A1～032 | 0561055371～033 | 8111191371～019 |
| 1～013 | 056105543B1～033 | 052121091A1～031 |
| 1～031 | 0561055491～034 | 0591211191～031 |
| 026103161A1～031 | 026105561B1～033 | 0251211421～002 |
| 077103175B1～014 | 1～033 | 035121171C1～023 |
| 0301031811～031 | 056105561B1～033 | 1～032 |
| 3301033831～032 | 056105567B1～033 | 171121276D2～008 |
| 026103483B1～031 | 056105573B1～033 | 321121409C8～011 |
| 1～032 | 056105579B1～034 | 0371216871～032 |
| 1～032 | 026105591B1～033 | 1～031 |
| 056103489A1～032 | 056105591A1～033 | 3301271772～004 |

**零件大组1 发动机零件目录索引表** 表4-8

| 指引号 | 零件号码 | 零件名称 | 备注 | 数量 | 型号 |
|---|---|---|---|---|---|
| | | 凸轮轴，排气门 | | | |
| 1 | 026109101L | 凸轮轴 S | | 1 | 化油器式 |
| | 050109101 | 凸轮轴 | | 1 | 喷射式 |
| 2 | N0127082 | 半圆键 | 4×5 | 1 | |
| 3 | 049109111C | 齿形皮带轮 L | | 1 | |
| 4 | 056109143 | 垫圈 | 12.5×28 | 1 | |
| 5 | N0101371 | 六角螺栓 | M12×1.5 | 1 | |
| (6) | 034109309AD | 液压挺杆 | | 8 | |

续上表

| 指引号 | 零件号码 | 零件名称 | 备注 | 数量 | 型号 |
|---|---|---|---|---|---|
| (8) | 035109601H | 进气门 L | | 4 | 化油器式 |
| | 048109601A | 进气门 | | 4 | 喷射式 |
| 9 | 026109611A | 进气门 L | | 4 | |
| 10 | 078109623 | 气门外弹簧 | | 8 | |
| 11 | 056109629A | 气门弹簧座(下) | | 8 | |
| 12 | 078109633A | 气门内弹簧 | | 8 | |
| 13 | 049109641A | 气门弹簧座(上) | | 8 | |
| 14 | 113109651A | 气门锁片 | | 16 | |
| 15 | 026109675 | 气门密封 | | 8 | |
| 16 | **056103651** | 凸轮轴轴瓦<br>(欠尺寸)仅用于修复汽缸头 | 25.75 | × | |
| (16) | 56103652 | 凸轮轴轴瓦<br>仅用于修复汽缸头 | 26.00 | × | |

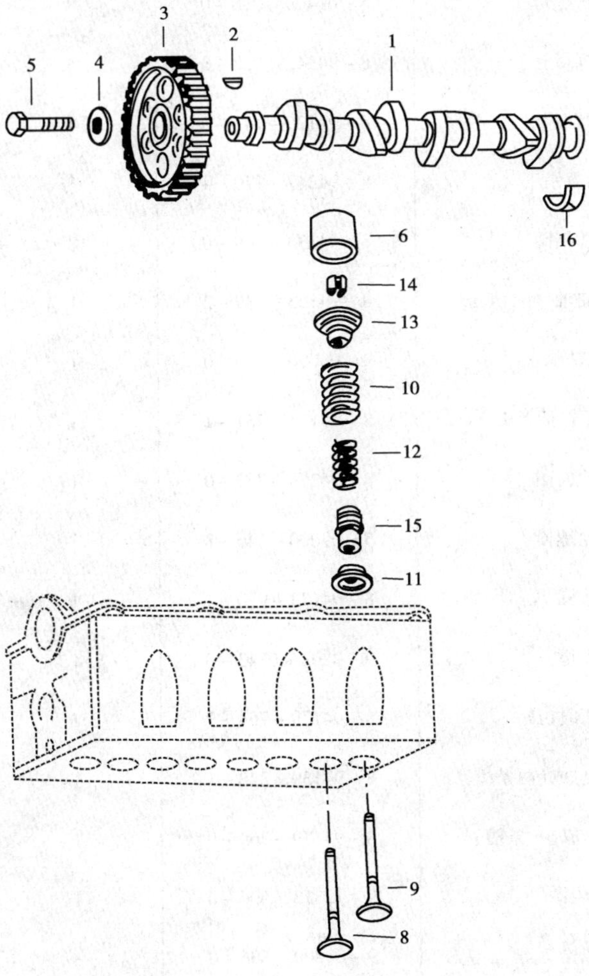


图 4-2　桑塔纳轿车凸轮轴及进、排气门

如表4-9及图4-3所示为五十铃NKR系列汽车发动机曲轴及活塞图解及配件目录。由表中可以看出，标号4的配件为活塞环组，编号为8－94247－867－1，每车用量为4组，可与NHR4JA1车通用。

**曲轴及活塞($4JB_1$)配件目录** 表4-9

| 标号 | 配件名称 | 配件编号 | 每车用量 | 备注 |
| --- | --- | --- | --- | --- |
| 1 | 曲轴主轴承组标准(包括No2) | 8－94168－552－0 | 1 | |
| 2 | 止推活塞 | 8－94130－923－0 | 2 | |
| 3 | 活塞组 | 8－94152－711－0 | 4 | |
| 4 | 活塞环组 | 8－94247－867－1 | 4 | 与$NHR4JA_1$通用 |
| 5 | 连杆总成(包括No6～8) | 8－94247－965－2 | 4 | |
| 6 | 连杆螺栓 | 5－12235－009－0 | 8 | 与$NHR4JA_1$通用 |
| 7 | 连杆螺母 | 5－09409－016－0 | 8 | |
| 8 | 连杆衬套 | 8－94247－968－0 | 4 | |
| 9 | 连杆轴承组 | 8－94125－747－0 | 4 | |
| 10 | 活塞销 | 8－94247－970－4 | ↑ | |
| 11 | 弹性挡圈 | 8－94133－969－0 | 8 | |
| 12 | 曲轴 | 8－94123－349－2 | 1 | |
| 13 | 球轴承 | 9－00090－679－0 | 1 | 与$NHR4JA_1$通用 |
| 14 | 飞轮总成(包括No15) | 8－94125－761－1 | 1 | |
| 15 | 飞轮齿圈 | 8－94253－737－0 | 1 | |
| 16 | 飞轮螺栓 | 5－09000－146－8 | ↑ | |
| 17 | 垫圈 | 8－94133－970－1 | ↑ | |
| 18 | 平键 | 9－0803－0743－0 | 1 | |
| 19 | 曲轴正时齿轮 | 8－94139－754－1 | ↑ | |
| 20 | 曲轴皮带轮总成(两条槽) | 8－94139－340－1 | 1 | (无动力转向) |
| 21 | 曲轴皮带总成(三条槽) | 8－94139－765－0 | 1 | (带动力转向) |
| 22 | 防尘圈 | 9－12373－606－0 | 1 | |
| 23 | 螺栓 | 9－09802－606－0 | 1 | |
| 24 | 垫圈 | 1－09503－003－0 | 1 | |

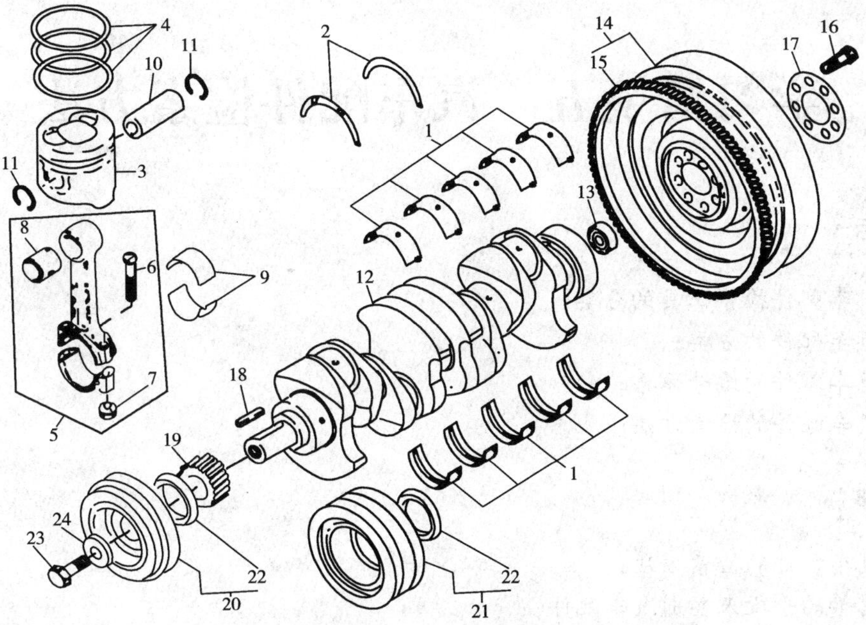


图 4-3　五十铃 NKR 系列汽车发动机曲轴及活塞($4JB_1$)

# 知识能力训练

1. 什么叫汽车零配件?
2. 我国汽车零部件产业将呈现哪些趋势?
3. 各种零配件按科技含量可分为哪几类?
4. 汽车零配件按市场结构分类,分成几类?
5. 汽车零配件编号和规格的识别方法是什么?
6. 备件分类的方法很多,可以分为哪几类?

# 学习情境五　汽车配件检索方法

**知识目标**

了解汽车配件检索工具的分类；
了解汽车配件的分类；
了解汽车零件的编号体系；
掌握汽车配件的检索方法。

**技能目标**

掌握汽车配件的检索方法；
能用简单的手段来鉴别汽车配件；
能应用汽车配件检索工具。

## 一、汽车配件检索工具

汽车配件检索工具一般有书本配件手册、微缩胶片配件目录和电子配件目录（CD 光盘）三种形式。三者只是载体的形式不同，但内容是一样的。

1. 书本配件手册

配件手册是汽车制造厂根据每一种车型编辑的一本手册，内容包括该车型所有零件的名称、零件编号、单车用量及代用零件编号等详细信息，并附有多种检索方法，如按零件名称、零件编号、汽车总成分类及图形索引（主体装配关系展开图，又称爆炸图）等。配件手册使用方便，但体积大，不便于携带。

2. 微缩胶片配件目录

微缩胶片是将书本配件手册微缩制成的，一张 A4 幅面的胶片上可以容纳 96 页 A4 幅面的手册内容，信息量较大，但要用称作“微缩胶片阅读机”的投影仪来阅读，使用又很不方便，现在已经逐步被光盘所取代。

微缩胶片配件目录中包括索引和目录正文两部分。

正文部分由插图和零件一览表组成，正文按厂家的主组和子组的分类情况有机地组合，依次排列。

索引部分是查询零件的向导，它包含内容指南、标记和缩略语一览表、零件编号变更一览表、插图索引、图号索引、零件编号索引、零件名称索引、目录包含的车型和特征或车架号等信息，见图5-1。

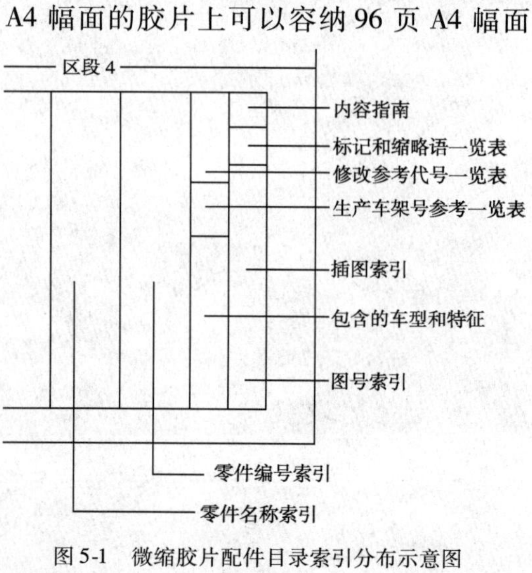


图 5-1　微缩胶片配件目录索引分布示意图

3. 电子配件目录(CD 光盘)

计算机光盘容量大,一张光盘可以容纳多个车型甚至一家公司全部车型的配件手册内容。光盘系统查询方式灵活多样,非常方便。

随着汽修、汽配企业计算机管理的普及,光盘应用越来越广泛。光盘存储形式的电子目录具有信息承载量大、查询简单、更新方便、成本低的特点。因此,在配件经销领域获得了广泛的应用。

汽车配件检索工具的发展趋势是:光盘应用越来越广泛,微缩胶片已被逐步淘汰,但目前配件手册与光盘仍然并存使用。

## 二、汽车制造厂零件编号体系

每个汽车制造厂商均有自己的一套零件编号体系,一般采用 10 ~ 15 位数字或数字或英文字母组合而成。有些公司的零件编号分为若干段,便于识别零件所属总成或大类。下面结合一些公司的实例予以说明。

1. 丰田汽车公司零件编号体系和原则

零件编号并不是无意义的数字的组合,而是有一定原则和含义的。丰田汽车零件编号一般由 10 个或 12 个数字或英文字母组成,各代表一定的含义。

1)一般普通件编号

○○○○○ ○○○○○ ○○

前 5 位基本编号表示零件的种类;中间 5 位是设计编号和变更编号,表示发动机类型及汽车种类;后两位是附属号,表示零件的颜色及其他,如连杆轴瓦的编号为 13041—75021—04。

2)单一件编号

○○○○○ ○○○○○

前 5 位全部没有 0,如右后悬架衬套编号为 48725—30050

3)半总成件编号

○○●●○ ○○○○○

半总成件由 2 个以上的零件组成。第 3 位和第 4 位有一位为 0,或者这两位都为 0,但第 5 位不为 0,如车钥匙编号为 89073—30050。

4)总成件编号

○○○○● ○○○○○

总成件由单一件或半总成件所组成。第 5 位为 0,若组成件数较多,则第 3、4 位为 0。门锁总成编号为 53510—33130。

5)组件编号

○○○○○ ○●○○○

组件由中心件和几个其他小件组成。第 7 位为 9,最后一个数字由 5 ~ 9 的数字组成,如水泵组件的编号为 16100—29085。

6)修理包编号

●●○○○ ○○○○○

修理包零件编号全部由 04 开头。如,密封套编号为 04438—33021。

7)专用工具编号

●○○○○ ○○○○○

专用工具零件编号一般都以 09 开头，但部分随车工具除外。

2. 其他汽车公司零件编号体系和原则

五十铃汽车公司的零件编号采用 10 位数字表示，分成三段。例如，机油滤清器的编号为 8—94456741—0；离合器总泵的编号为 8—97167406—0。

日产（Nissan）汽车公司的零件编号采用 10 位数字加英文字母组合表示，分成两段。例如，火花塞（Y31 车型用）的编号为 22401—40V05；

本田（Honda）汽车公司的零件编号采用 11 位数字加字母组合而成，分成三段。例如，前挡风玻璃的编号为 73111—SV4—405；左角灯总成的编号为 34350—SV4—A02。

国产捷达（Jetta）轿车的零件编号采用 9 位数字和字母组合 + 更改标志（字），如图 5-2 所示。

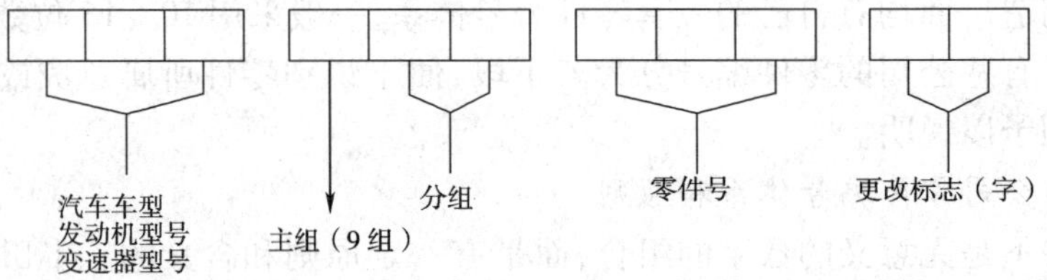


图 5-2　捷达轿车的零件编号图

## 三、汽车配件索引方法

1. 按汽车配件名称索引（Parlnameindex/Alphabeticalindex）

在进口汽车配件手册中，均附有按零件名称字母顺序编排的索引。如果知道所需零件的英文名称，即便是缺乏专业知识的人员，采用此种方法也能较快地查找该零件的有关信息。

2. 按汽车总成分类索引（Master index）

把汽车零件按总成分类列表，如发动机、传动系、电器设备、转向、制动、车身附件等，根据零件所属总成，查出对应的地址编号（Address No）或模块编号（Block No），再根据编号查询出该零件的有关详细信息。

不同的汽车公司，车系分类方法也有所不同。例如，捷达轿车零件分为 9 大类：①发动机；②燃油、排气、冷却装置；③变速器；④前轴、差动变速器、转向操纵装置；⑤后轴；⑥车轮、制动器；⑦手操纵和脚踏板杠杆装置；⑧车身；⑨电器设备。

本田汽车零件分 12 大类：①发动机机构；②燃油及发动机控制；③排气系统及冷却系统；④发动机电器；⑤车身电器；⑥传动系；⑦车桥；⑧悬架；⑨制动系统；⑩转向系统；⑪车身；⑫其他。

汽车总成分类索引适用于对汽车零部件结构较熟悉的专业人员使用，知道某一个零件属于哪个总成部分，才能够快速查询和确认客户所需要的配件。

3. 按零件图形（图号）索引（Illustmted index/Figure number index）

把汽车整车分解成若干个模块，采用图表相结合的方式，用主体装配关系展开图（Exploded view ngure）能直观、清楚地显示出各个零件的形状、安装位置及其装配关系，并在对应的表中列出零件名称、零件编号、单车用量等详细信息。按图形（图号）索引查询的特点是能直观、准确、方便迅速确定所需配件。查询的顺序依次如下：

（1）图形索引；

(2)图号索引,查找某零件对应图号及页码;

(3)放大图;

(4)对应零件分析表。

4.按汽车零件编号索引

一般汽车零件上均有该零件的编号,如果所需配件编号已知,则采用本方法能准确、迅速地查询到该零件的有关信息。尽管一个零件的名称可能因翻译、方言等差别,但零件编号是唯一的。零件编号索引是根据零件编号大小顺序排列的,根据已知的零件编号,可以查出该零件的地址编码或所在页码,然后查询其详细信息。查询的顺序依次为:零件编号—索引—图号/页码—图、表。

1)基于互联网的汽车配件目录

随着互联网技术的发展,基于互联网的配件目录也逐渐进入实用阶段。在国内,中车在线汽车服务网(www.713.com.cn)也将(Mitchell)配件目录实现了网络化,突破了存储容量的限制,降低了对计算机配置的要求,更重要的是它可以及时更新,使用户获得最准确的配件信息。

2)汽车配件变更通知

除了配件目录外,其他与配件相关的技术服务资料在配件管理与营销中也十分重要。配件目录发行后,有关的配件或型号有新的变化,厂家为调整售后服务市场,将随时发布相应的配件变更通知。

3)替换件目录

经过技术改进或改型后,某些旧零件与新零件之间具有互换性,需要用新零件号替换旧零件号。通常,在较大的车辆改型之后都会发布相应的替换件目录,指导配件流通。

4)通用互换手册

一个厂家的多个车型或者多个厂家的多个车型,可能都会采用相同的零件,它们的编号可能不同,但同样具有互换性。部分厂家或者由第三方出品不同车型、不同厂家的配件通用互换手册,用以指导这部分的配件经营。

某一种车型推出以后,其沿袭车型的技术改进和零件变更是不断进行的,另外它的配件价格也随着市场在时刻变化,因此,配件目录维护是一件十分重要的工作。与厂家建立良好的信息沟通渠道,在市场上建立良好的信息收集渠道,及时掌握零件的变更信息,并实时地更新自己的配件信息库,是配件目录维护中必须做到的,它是进行配件经营的根本保障。

## 知识能力训练

(1)汽车配件的常用检索工具有哪些?各有什么特点?

(2)汽车配件的检索方法分类有哪些?

(3)什么是汽车零件编号?一般由什么组成?

# 学习情境六　汽车配件订货管理及库存管理

**知识目标**

熟悉汽车配件的分类、选择；
能够合理科学地进行汽车配件经营与管理。

**技能目标**

能正确分析汽车配件的市场状况；
能够掌握汽车配件的市场状况，并能分析汽车配件的发展趋势。

## 子情境一　汽车配件管理基本理论

### 一、JIT(Just-in-time)理论

丰田汽车公司创造的JIT理论，它的意思是在必要的时候及时地提供必要的数量。JIT理论应用到汽车配件供应方面，就是所谓的卖一买一理论(参见图6-1)。

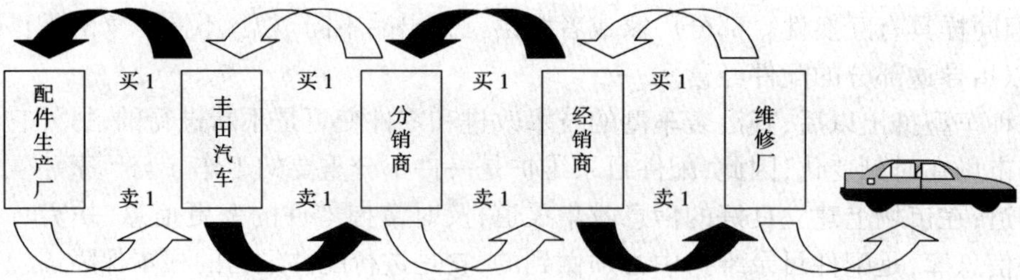


图6-1　汽车配件物流链

卖一买一理论是指：配件按要求的步调沿供应线流动。

丰田汽车公司从汽车配件生产厂商购进需要的零件，以要求的数量将要求的零件提供给世界各地的分销商，经营丰田汽车零件的分销商从JIT零件供应体系中得到的最大好处是增大了供应，缩短了交货期，更减少了库存量。

经营丰田汽车配件的经销商也得益于JIT理论，使其库存减少，收入增加。

### 二、库存

库存管理的目标是，以少的库存达到高的供给率，从而既降低与库存有关的费用，如场地、利息、人工费等，又防止失去销售机会，实现高的利润和客户满意度。

1. 库存什么配件

汽车配件销售的随机性很大，客户何时需要什么配件很难预测，而一辆汽车的零件总数超过几十万个，不可能所有的零件都有库存。作为汽车配件经销商，关键在于如何处理好“用最少的资金占有量，取得最大的经济效益”与“提高及时供货率，不丧失每一个销售机会”之间的关系。降低库存量和资金占有量，与提高及时供货率之间是一对矛盾体。配件供应率和存储成本是衡量存货管理水平的标志，提高库存管理水平，制订正确的存货决策，其关键是寻找能保证企业发展需要的物资供应最合理的库存成本。订货时间过早，存货必然增加，存储成本就会上升；订货时间过晚，存量可能枯竭，缺货成本就会上升。订货数量过多，资金必然被挤占，并将增加存储耗费；订货量过少，配件将会短缺，并要增加订购耗费。

一般情况下，要提高及时供货率，必须增加库存量。但库存什么配件、库存多少，库存配件品种的变化，通常是根据以往的销售记录和近期市场反馈信息来确定的。订购要适时、适量，从而保证企业的生产、维修和销售顺利进行。

汽车配件的流动，有明显的倾向性。下面，以丰田汽车公司的零件订货及库存的动态分析为例来予以说明。丰田汽车的零件编号约有30万件，其中有库存的约为10万件，但每月的订货项目数平均超过50万件，如图6-2所示。

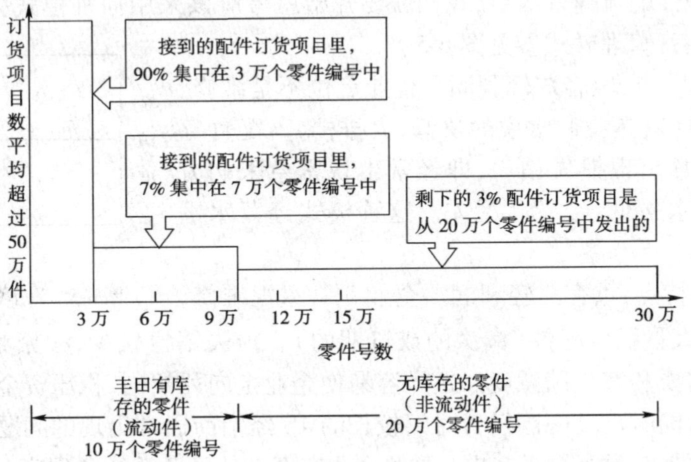


图6-2　丰田汽车公司汽车配件库存件及其销售分布

从图中可以清楚地看出，接到零件订货项目的90%集中在3万个零件号当中，这些零件我们通常称之为快流件；接到零件订货项目的7%集中在7万个零件编号里，这些零件称之为中流件、慢流件；而剩下的3%，订货项目是从20万个无库存零件编号中发出的。

2. 库存多少配件

汽车零件的流通等级是指汽车配件在流通过程中周转速度的快慢程度，根据汽车零件寿命周期长短可以把它们分为快流件、中流件、慢流件三大类。也有些公司分得更细一些，有五六类甚至达十类之多。根据汽车制造商、汽车零配件经销商的统计结果表明，占零件总数仅10%的快流件的销售收入占销售总额的70%；占零件总数20%的中流件的销售收入仅占销售总额的20%；而占零件总数70%的慢流件的销售收入只占总销售额的10%。

丰田汽车公司对海外代理行的销售实绩曾作过统计，如图6-3、图6-4所示。按照销售额高的顺序排列，在流动件中15%的件号(A)占销售额的80%；流动件25%的件号(B)占销售额的15%；剩下的60%的件号(C)的销售额只占5%。

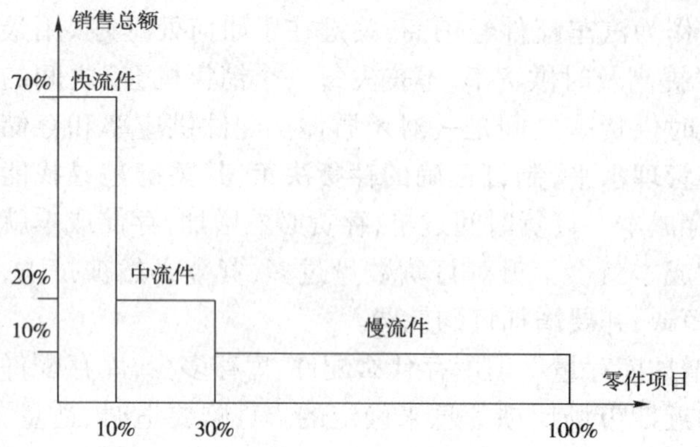


图 6-3　零件流通等级与销售额之间的关系

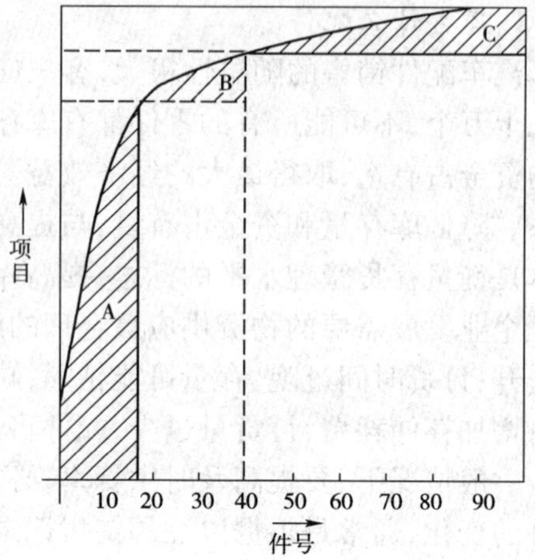


图 6-4　丰田汽车公司海外代理行汽车零件销售额分布

## 三、管理库存的模式

当明确汽车配件的流通等级后，我们就要开始思考应该采用何种模式去管理库存的汽车配件。汽车配件经营管理模式参见图 6-5。

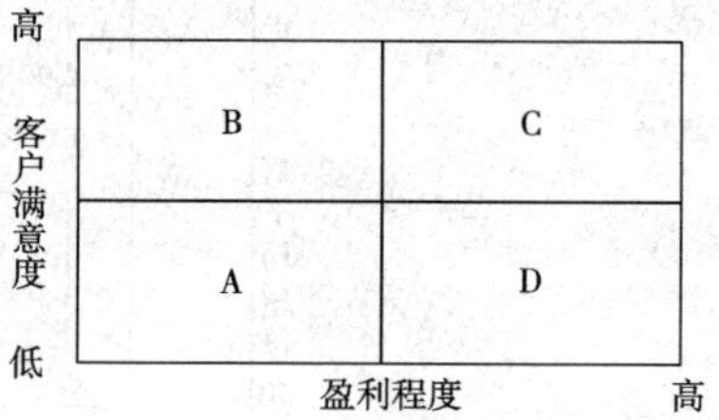


图 6-5　汽车配件经营管理模式

(1)模式 A 的特点：轻客户轻利润。企业定位不是维修，而是一般美容项目(就是我们常说的快修、大排档)。配件存量相对比较少，经常出现损失销售，即经常出现紧急采购方式订货，而且服务水平低，经营状况差。这种模式经营水平差，没有发展前景。

(2)模式 B 的特点：重客户轻利润。企业非常重视维修，库存量较大，产生大量积压配件(淘汰的或过期的)。损失销售较少，频繁紧急订货。他们强调尽快满足客户需要和客户满意度。这样容易使企业走向死胡同，积压资金过大，使企业一直背着一个包袱。这同时也是中国经营时间较长的 4S 经销商通常出现的问题。

(3)模式 C 的特点：重利润重客户。这些企业有复杂的经营系统和程序，而且库存量相对较大，系统内存零件编号的数目庞大，有时有损失销售，适量进行紧急订货，服务水平高。这种模式虽然也有损失销售，但是积压少，服务水平高，从而令企业资金周转快，使企业平稳向前发展。

(4)模式 D 的特点：重利润轻客户。这些企业的人工费及配件的价格较高，相对销售量而言，库存量较少。周转率高的零件存货较少，极少进行紧急订货，经常出现损失销售，使得客户满意度较低，甚至产生拔苗助长的效应，使企业经营不善，难以长久支撑下去。

通过分析库存管理的模式，我们发现，模式 C 是最适合企业发展的库存管理模式，所以，我们必须要用这种模式来制订各项库存计划及流程，以促进企业平稳快速地发展。

## 四、进货方式和种类

汽车配件零售企业在组织进货时，要根据企业的类型、各类汽车配件的进货渠道，以及汽车配件的不同特点，合理安排组织进货。

1. 集中进货

集中进货就是由企业设置专门机构或专职采购人员统一进货，然后分配给各汽车配件部销售。集中进货一般适宜于小型零售配件商店。

2. 分散进货

分散进货就是分别由企业内部的各个配件部自设采购人员，在核定的资金范围内自行采购。此类型一般适合于大型配件零售商店，以便做到进货品种齐全，适销对路，实现勤进快销。

3. 集中进货与分散进货相结合

集中进货与分散进货相结合的一般做法是，外地采购，与生产厂直接挂钩，以及向其他与之有不固定进货关系的供应商一次性采购，由各配件部提出采购计划，由企业职能业务机构汇总审核后集中采购。

4. 联合采购

联合采购就是几个配件零售企业联合派出人员，统一向汽车配件生产单位或到外地组织进货，然后给这几个配件零售企业分销。这种类型多适合小型配件零售企业之间或中型配件零售企业代小型配件零售企业联合组织进货。这样能够相互协作，节省人力，凑零为整，拆零分销，有利于组织运输。其困难在于组织工作比较复杂。

上述几种类型各有所长，企业应根据不同的情况适当选择，并注意在实践中扬长避短，不断完善。

## 五、库存配件品种与最低安全库存量的确定

把什么样的零件作为库存配件呢？根据一般的经验，某款新车上市后，如果一年之内出现两次以上即购即销的零件，就可以考虑把它作为库存件。增加库存配件品种应从严控制，以保证较高的配件供应率和较短的库存周转期。

1. 库存配件流通级别的确定

一般来说，把易磨损和易失效的零件或材料作为快流件，如离合器片、制动器片、制动主缸/轮缸、橡胶密封件、三格（空气格、机油格和汽油格）、机油、轴承、油封、大小轴瓦、大修包、消声器、排气管、高压泵、柱塞、出油阀、前挡风玻璃、密封条、前后灯具、水箱、冷却散热网、万向节十字轴、雨刮片、火花塞、白金等。

有些零件经销商根据本公司配件销售量来区分快流件、中流件和慢流件，如把年销售量在25～50件的零件作为快流件，把年销售量在6～24件的零件作为中流件，而把年销售量在1～5件的零件作为慢流件。

也可根据汽车制造商推荐的零件流通级别来选择库存零件。

零件的流通级别不是一成不变的，快流件可能会变成中流件，甚至变成慢流件；而中流件和慢流件在一定时期内可能变成快流件。影响和决定零件流通级别的因素是多方面的。

2. 影响零件流通级别的因素

（1）车辆投放市场的使用周期。一般车辆使用寿命为10年，前2～3年零件更换少，中间4～5年是零件更换高峰期，最后1～2年零件更换又逐渐减少。

（2）制造、设计上的问题。材料选择不当、设计不合理，如汽油泵，一般不出故障，但有些车的汽油泵频频发生故障，属于设计上的问题。日本三菱帕杰罗就曾发生过制动油管事件。

（3）使用不合理。本来某种汽车设计用于寒冷地区，如果把它用于热带地区，会出现故障。节温器在深圳地区不需使用，但是在北方地区没有节温器的发动机“过热”，甚至造成冷却系统结冰而导致汽车故障。

（4）燃油、机油选择不当或油质有问题，也会影响零件的寿命。

(5)道路状况。车辆长期在好路面行驶,振动小,零件使用寿命长。如果在不平路面或市区内频频刹车,也会影响零件的使用寿命。

(6)季节性。冬天到来之前,点火、起动系统配件要准备充足;夏季来临前,空调系统配件要多储备。

3. 安全库存量的确定

一个配件的最佳库存量是多少?库存量小了,不能保证及时供货,影响客户的使用和企业的信誉;库存量大了,资金占有量增加,资金周转慢,影响企业的经济效益。因此,确定最低安全库存量很重要。影响最低安全库存量的因素有:

(1)订货周期。国外订货周期一般为2~3个月(船运期货3个月,空运订货15天左右),但空运件的价格是船运的两倍;

(2)月平均销量。必须掌握某种配件近6个月的销量情况。

(3)配件流通量级别。快流件的最低安全库存量为前6个月的销量,中流件和慢流件的最低安排库存量为前3个月的销量。

# 子情境二　汽车配件订货管理

## 一、汽车配件订货工作流程

根据配件用途,汽车配件订货分为库存补充件、客户订购件和维修厂急需件订货三类。图6-6所示为某公司汽车配件订货流程。

## 二、拟定订货合同初稿

1. 订货准备

在订货之前,应做好如下准备:

(1)掌握每个零件品种6个月的平均需求数量。

(2)掌握客户预订(B/O)品种、数量。

(3)掌握现有库存品种、数量。

(4)掌握未到货品种、数量。

(5)掌握有动态零件品种、数量。

2. 订货量计算

丰田汽车公司推荐的订货计算公式如下:

$$SOQ = MAD \times (L/T + O/C + S/S) - (O/H + O/O) + B/O$$

式中:SOQ——订货数;

MAD——月均需求,指6个月内平均月需求,也可采用加权平均;

L/T——到货期,从配件订货到搬入仓库为止的月数;

O/C——订货周期,以月为单位,每月订货一次即为1,每月订货两次为0.5;

S/S——安全库存月数,约为订货周期加到货期月数的70%,标准公式为:

安全库存月数 =(订货周期 + 到货期月数)× 系数

O/H——在库数,指订货时的现有库存数量;

O/O——在途数,指已订货尚未到货的配件数;

B/O——客户预订数,指无库存、客户预订的配件数。

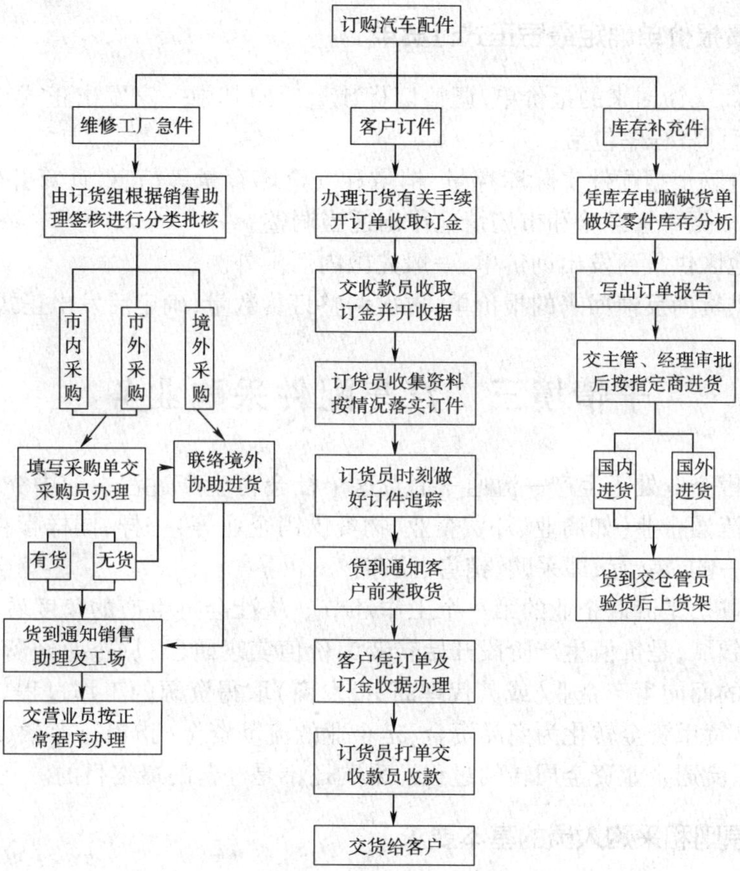


图 6-6　汽车配件订货工作流程

每个月根据配件实际库存量、半年内销售量及安全库存量等信息,由计算机根据上述公式计算出一份配件订货数量,再根据实际情况进行适当调整,形成订货合同初稿明细表。

订货原则是:先市内后市外,先国内后国外。国内订货应向信誉好的大公司或向原汽车制造厂配套单位订购。

## 三、向多家供货商发出询价单

根据订货合同初稿明细表,经订货部门主管审查并调整订货数量后,填写询价单。深圳×××汽车服务有限公司向深圳、广州、香港等地多家供货商同时发出询价单,其询价单格式如表 6-1 所示。

**询　价　单**　　　　表 6-1

公司名称:＿＿＿＿＿＿＿＿　　编　号＿＿＿＿

日　期＿＿＿＿

联系电话:＿＿＿＿＿　　FAX:＿＿＿＿＿　　总页数＿＿＿＿

| 项目 | 数量 | 零件编号 | 零件名称 | 单价 | 金额 |
|---|---|---|---|---|---|
| | | | | | |
| | | | | | |
| | | | | | |
| | | | | | |

订货人:＿＿＿＿　　联系电话:＿＿＿＿　　FAX:＿＿＿＿

深圳×××汽车服务有限公司

### 四、根据反馈报价单确定最后正式订货单

根据各供应商反馈回来的报价单，调整订货数量后向其中一家发出正式订货单。综上所述，库存配件补充订货程序包括：

(1)每月由电脑根据配件实际库存量、销量和安全库存量等信息，计算并输出一份“合同初稿明细表”，再根据销售经验和市场情况作出适当调整。

(2)向邻近地区供货商发出询价单，一般先国内后国外。

(3)根据各供货商反馈回来的报价单，再次调整订货数量，确定后发出正式订货单。

## 子情境三　汽车配件采购业务

汽车配件销售企业处于生产—流通—消费这个社会再生产过程中的中介位置，属于流通企业。它和所有流通企业(如商业、外贸企业、物资供销企业等)一样，同样存在着企业内部的三大主要环节——购、销、存，即采购、销售、储存。

采购，也称购进，是流通企业的第一个工作环节。从社会再生产的角度看，就是商品从生产领域进入流通领域，是价值生产阶段开始转变为价值实现阶段；从企业经营的角度看，采购就是为了销售目的而向生产企业(或其代理商、批发商)取得资源的工作过程。从资金运动的角度看，采购就是货币资金转化为商品资金，是企业的流动资金(指银行存款、现金等)转化为库存资金，开始了流通企业资金周转的过程。采购还不是经营的最终目的。

### 一、采购的原则和采购人员的基本要求

采购是企业经营活动的关键环节，因为：

(1)只有质优价廉、适销对路的商品源源不断地进入经销企业，才有可能提高为用户服务的质量，满足消费者的需要；

(2)搞好进货是搞好销售的前提和保证，只有进得好，才能销得快，才有可能提高企业经济效益。

(3)只有把商品采购组织好，把适销商品购进到经营企业，才能促使生产企业发展生产。

由此可见，商品购进是直接关系到生产企业能否得到发展、消费者需求能否得到满足、企业经营状况能否改善的关键问题。

1. 汽车配件采购的原则

1)管理原则

(1)勤进快销原则。勤进快销是加速资金周转，避免商品积压，提高经济效益的重要条件。勤进快销，就是采购次数要适当多一些，批量要少一些，进货间隔时间要适当缩短。要在采购适销对路的前提下，选择能使采购费用和保管费用最省的采购批量和采购时间，以降低成本，降低商品价格，使顾客能买到价廉物美的商品。勤进快销还要随时掌握市场行情，密切注意销售去向，勤进、少进、进全、进对，以勤进促快销、以快销促勤进，不断适应消费需要，调整更新商品结构，力求加速商品周转。在销售上，供应要及时，方式要多样、方法要灵活、服务要周到，坚持薄利多销。

(2)以销定进原则。就是按照销售状况决定进货。通常，计算订货量有以下主要参数：

①日平均销售量(DMS) = 昨日的 DMS ×0.9 + 当日销售量 ×0.1；

②建议订货量 = 日平均销量 ×（距下次订货量天数 + 下次交货天数 + 厂商交货前置天数 + 商品安全天数 + 内部交货天数）- 已订货未交量 - 库存量；

③最小安全库存量 = 陈列量 + 日平均销售量 × 商品运送天数。

订货量是一个动态的数据，根据销售状态的变化（季节性变化、促销活动变化、供货厂商生产状况变化、客观环境变化），决定订货量的多少。它能使商品适销对路，供应及时，库存合理。

（3）以进促销原则。以进促销原则是与以销定进紧密联系的，单纯的以销定进，进总是处于被动局面。因此，扩大进货来源，积极组织适销商品，能主动地促进企业扩大销售，通过少量进货试销，促进销售，刺激消费。

（4）以储存保销售原则。销售企业要保持一定的合理库存，以保证商品流通连续不断。

2）采购原则

采购的原则除了要求购进的商品适销对路外，就是要保质、保量。生产企业实行质量三包：包修、包换和包退。经营企业要设置专职检验部门或人员来负责购进商品的检验工作，严把商品质量关。除此之外，购进还应遵循以下原则：

（1）积极合理地组织货源，保证商品满足用户的需要，坚持数量、质量、规格、型号、价格全面考虑的购进原则。

（2）购进商品必须贯彻按质论价的原则。优质优价，不抬价、不压价，合理确定商品的采购价格，坚持按需进货、以销定进；坚持"钱出去、货进来，钱货两清"。

（3）购进的商品必须加强质量的监督和检查，防止假冒伪劣商品进入企业，流入市场。在商品收购工作中，不能只重数量而忽视质量，只强调工厂"三包"而忽视产品质量的检查，对不符合质量标准的商品应拒绝收购。

（4）购进的商品必须有产品合格证及商标。实行生产认证制的产品，购进时必须附有生产许可证、产品技术标准和使用说明。

（5）购进的商品必须有完整的内、外包装，外包装必须有产品名称、规格型号、厂名、厂址、数量、出厂日期等标志。

（6）要求供货单位按合同规定按时发货，以防应季不到货过季到货，造成商品缺货或积压。

3）灵活运用原则

（1）掌握不同种类汽车配件的供求规律。对于供求平衡，货源正常的汽车配件，适销什么，就购进什么，快销就勤进、多销就多进、少销就少进：对于货源时断时续，供不应求的汽车配件，根据市场需要开辟进货来源，随时了解供货情况、随供随进；对于扩大推销而销量却不大的汽车配件，应当少进多销，在保持品种齐全和必备库存的前提下，随进随销。

（2）掌握汽车配件销售的季节性特点。

（3）掌握汽车配件供应地点。当地进货，要少进勤进；外地进货，适当多进，适当储备。

（4）掌握汽车配件的市场寿命周期。新商品要通过试销打开销路，进货从少到多。

### 2. 对采购人员的基本要求

采购业务是商品流通过程中的第一道环节，采购业务进行得好坏，会直接影响企业的整个经营活动和各项经济指标的完成，而采购员是第一道环节的主要执行人。

1）采购员的岗位职责

（1）认真编制进货计划。

(2)按车型、品种的需求量计划,积极组织订购优质、价格适宜的产品,保证销售需要。

(3)组织开展商品的代销、试销业务,开拓新产品市场。

(4)改善库存结构,积极处理库存超储积压商品。

(5)开展工贸联营、联销工作。

(6)日常急需商品的催促和调动,或组织临时进货,满足市场需求,并根据市场变化及库存结构情况,对订货合同进行调整。

(7)认真搞好资金定额管理,在保证进货需要的前提下,最大限度地压缩资金占用,加速资金周转。

(8)认真执行费用开支规定,在保证工作需要的前提下,最大限度节省进货费用。进货时,一方面要考虑适销对路,另一方面也要考虑运输路线、运费价格等。

(9)经常主动地深入营业门市部和仓库了解产品质量状况,走访客户了解市场需求。

(10)认真执行工商、税务、物价、计量等方面的法令、法规和遵守企业规章制度。

2)采购员的基本素质

(1)要有一定的政策、法规知识水平和政治觉悟。采购员不仅要熟知国家、本地区的有关政策和法令、法规,而且更要知道本企业、本部门的各项规章制度,使采购工作在国家政策允许的范围内进行。采购人员要按规定进货,不进"人情货",更不能在进货中为谋取回扣、礼物等私利而购进质次价高的商品。

(2)要具备必要的专业知识。采购员不仅要熟知所经营商品的标准名称、规格、型号、性能、商标、包装等知识,还要懂得商品的结构、使用原理、安装部位、使用寿命及通用互换性等知识,以便进货准确无误。采购员不仅需要精通进货业务的各个环节,而且还要知道商品在进、销、存以及运输、检验、入库保管等各业务环节的过程以及相互间的关系。

(3)要善于抓住有利于做市场预测的重要信息。采购员正确的预见性来源于对市场的调查和预测,调查的内容主要包括:本地区车型、车数、道路情况、各种车辆零部件的消耗情况、主要用户进货渠道和对配件的需求情况、竞争对手的进货及销售情况,另外还要十分了解配件生产厂家的产品质量、价格和促销策略等。要定期对上述资料进行分类、整理,为正确进行市场预测、科学进货提供依据。

(4)要有对市场进行正确预测的能力。汽车及配件市场的发展受国民经济诸多因素的影响,如工农业生产发展速度,交通运输、固定资产投资规模,基本建设投资规模等。随宏观经济发展形势的波动而波动,这个季度、上半年、今年是畅销的商品,到下个季度、下半年、明年可能就变成滞销商品了。但是,除了偶然因素外,这种变化一般是有规律可循的,是可以预测的。这就要求进货人员根据收集来的各种信息和资料及市场调查得到的材料进行分析研究,按照科学的方法预测出一定时期内当地汽车配件市场形势,从而提高进货的准确性,减少盲目性。

(5)编好进货计划。采购员要根据自己掌握的资料,编好进货计划,包括年度、季度或月进货计划,以及补充进货计划和临时要货计划等。

在编制进货计划时,要注意考虑如下因素:对本地区汽车配件市场形势的预测结果;本单位销售计划;商品库存和在途,以及已签订过合同的货源情况;用户购买意向;本地区、本企业上年同期的销售业绩。

进货计划中,配件类别必须划细,要有详细的品种。进货数量和进货时间要均衡,使配件供应既及时,又不积压或中断,合理地占用资金。

(6)根据市场情况,及时修订订货合同。尽管进货员根据自己已占有的信息资料对市场进行了预测，编制了比较合适的进货计划，但在商品流通中，常常会遇到难以预料的情况，这就要求采购员能根据变化了的情况，及时修订订货合同，争取减少长线、增加短线商品。当然，在修订合同时，必须按照合同法办事，取得对方的理解和支持。

(7)要有一定的社交能力和择优能力。采购员工作本身决定他要同许多企业、各种人打交道，要具有一定的社会交际能力，要学会在各种场合、各种不同情况下，协调好各方面的关系，签订好自己所需要的商品合同，注销暂不需要的商品合同或修改某些合同条款，要尽最大努力争取供货方在价格、付款方式、运费等方面的优惠。

此外，全国汽车配件生产企业多、产品品种繁杂，假冒伪劣产品防不胜防。要选择好自己进货计划中所需要的产品，就必须依靠自己的择优能力进货，对进货厂家的产品质量和标识要十分了解，选择名牌、质优价宜的产品。

(8)要善于动脑筋，有吃苦耐劳的精神。采购员不仅要善于动脑筋，摸清生产和销售市场的前景，而且要随时根据市场销售情况，组织货源，在竞争中要以快取胜，进货员常年处于紧张工作状态，为使企业获得最好的经济效益而奔波，需要有吃苦耐劳的精神。

## 二、进货渠道与配件验收

### 1.进货渠道

#### 1)常见汽车配件进货渠道

汽车配件销售行业的进货除一些小公司外，大都从汽车配件生产厂家进货，在进货渠道的选择上，应立足于以优质名牌配件为主的进货渠道，但为适应不同层次的消费者的需求，也可进一些非名牌厂家的产品。

进货时，可按A类厂、B类厂、C类厂顺序选择进货渠道。

A类厂是全国有名的主机配套厂，这些厂知名度高，产品质量优，多是名牌产品。这类厂应是进货的重点渠道。其合同签订形式，可采取先订全年需要量的意向协议。以便于厂家安排生产，具体按每季度、每月签订供需合同，双方严格执行。

B类厂生产规模和知名度虽不如A类厂，但配件质量还是有保证的，配件价格也比较适中。订货方法与A类厂不同，可以只签订短期供需合同。

C类厂是一般生产厂，配件质量尚可，价格较前两类厂低。这类厂的配件可作为进货中的补缺。订货方式也与A,B类厂有别，可以打电话、发传真要货，如需签订供需合同的话，合同期应短。

但必须注意，绝对不能向那些没有进行工商注册、生产"三无"及假冒伪劣产品的厂家订货和采购。

#### 2)货源的鉴别

汽车配件质量的优劣，关系到销售企业的经营大计。但汽车配件产品涉及范围广泛，要对全部零配件作出科学的质量结论，所需要的测试手段是中、小型汽配销售企业难以做到的，然而这些企业又不能因此不进行这项工作。要根据企业的实际情况，添置必备的技术资料和通用检测仪具，如自己所经营的主要车型的主机厂的图样或汽车配件目录，各类汽车技术标准等，这些资料都是检验工作的依据。此外，购置通用量具，如游标卡尺、千分尺、百分表、千分表、量块、V形架、平板、表面粗糙度比较块、硬度计等，以便具有一般通用检测能力。

另外，为提高工作效率和达到择优进货的目的，可以把产品检验分成以下几种类型。

(1)对全国名牌和质量信得过产品基本免检，但名牌也不是终身制，有时也会被仿冒，所以应该对这些厂家的产品有充分的了解,并定期进行抽检。

(2)对多年多批进货后,经使用未发现质量问题的产品,可采用抽检几项关键项目,以检查其质量稳定性。

(3)对以前未经营过的配件,采用按标准规定的抽检数,在技术项目上尽可能做到全检,以求对该产品质量得出一个全面结论,作为今后进货的参考。

(4)对以前用户批量退货或少量、个别换货的产品,应采取尽可能全检,并对不合格部位采取重点检验的办法。对再次发现问题的,不但拒付货款,并注销合同,不再组织进货。

(5)对一些小厂的产品,往往由于其合格率低,而且一旦兑付货款后,很难索赔,因此尽量不进这类产品,如确需进货,在检验时要严格把关。

由于汽车配件销售企业经营的车型较多、品种复杂(例如仅一个东风车型的维修配件品种就不下2000种),需测试的技术项目数无法统计,而销售企业的检验人员所掌握的测试技术达不到生产厂家单品种检验人员那样的精专,因而要求他们的知识面要宽一些,并熟悉汽车结构、通常的制造工艺和材质等知识,能正确运用检验标准检验汽车配件质量。

3)货源的检验方法

(1)目测法。普通汽车配件销售企业没有完备的检测手段,但根据经验用目测比较的方法也能识别配件优劣。

①看质量。产品表面质量是评定产品优劣的第一印象。质量低劣的产品,其表面质量往往是差的。用目测方法主要是看商品后道工艺的表面处理。所谓表面处理,即电镀工艺、油漆工艺、高频热处理、包装工艺等。一些受地方保护主义保护的小工厂和手工作坊,制造假冒伪劣产品较多,而它们都有一个共同特点,就是“打一枪换一个地方”的短期行为,很少在产品的后道工艺上投入技术、资金。因为表面处理涉及很多现代科学技术。国际上和国内的名牌大厂在利用先进工艺上投入资金数量很大,特别对后道工艺更为重视,投入资金比重较大。一般的项目资金少则几百万元,多则上千万元。那些小厂、小作坊是不会有这样的资金支付能力的。与产品质量相关的要素有以下诸方面。

关于汽车配件油漆工艺:现在多采用电熔浸漆、静电喷漆,有的还采用真空手段和高级无尘漆房喷漆。采用先进工艺生产出的零部件表面,与采用陈旧落后工艺生产出的零部件表面有很大差异。目测时可以看出,前者表面细腻、有光泽、色质鲜明;而后者则色泽暗淡、无光亮,表面有气泡和“拖鼻涕”现象,用手抚摸有砂粒感觉,相比之下,真假非常分明。

关于镀锌技术和电镀工艺:汽车进件的表面处理,镀锌工艺占的比重较大,一般零件的铸铁件和可锻铸铁件、铸钢件,冷热板材冲压件,大都在表面采用镀锌。产品不过关的镀锌,表面往往是白一块、红一块、黄一块交错混合在一起,一致性很差。镀锌工艺技术过关的,则是表面金黄闪闪,表面一致性好。批量之间一致性也没有变化,有持续稳定性。有的产品使人叫绝,说镀锌倒不如叫它镀银,色泽明亮,明眼人一看,就能分辨真伪优劣。

关于电焊工艺:在汽车配件中,减振器、钢圈、前后桥、大梁、车身等均有电焊焊接工序。大汽车厂的专业化程度很高的配套厂,它们的电焊工艺技术大都采用自动化焊接,它能定量、定温、定速,有的还使用低温焊接法等先进工艺。产品焊缝整齐、厚度均匀,表面无波纹形、直线性好,即使是定位焊,焊点、焊距也很规则,对此再好的手工操作也无法做到。

关于表面热处理工艺:一般工厂要配备一套高频感应加热淬火成套设备,其中包括硬度、金相分析测试仪器、仪表的配套,它的难度高。热表面处理投入资金多,还要具备供、输、变电设备条件,它的电源是3万V以上,小工厂、手工作坊是无能为力的。

汽车配件产品经过精加工以后,才进行高频感应加热淬火处理,因此淬火后各种颜色会原封不动地留在产品上。如汽车万向节内、外球笼经淬火后,就有明显的黑色、青色、黄色和白色,白色面是受摩擦面,因此硬度也是最高的面。在目测时,凡是全黑色和无色的,肯定不是高频感应加热淬火。

关于橡胶制品:汽车上使用的橡胶件,均有特殊的要求,耐高温、耐油、耐压、复原性好等,橡胶件使用的原料是一种 $C_1 + C_nH_{2n}$ 氨醇的配方,它的原料成本比一般橡胶原料高出许多,而且这种氨酸在制造橡胶配件时,对模具具有强烈的腐蚀作用,模具损耗很大。在鉴别橡胶件的质量好与坏时,与鉴别机械金属配件唯独不相同的是,橡胶件表面乌黑光亮的不一定是好产品。要了解生产厂家的生产过程,并在实际应用中观察辨别。

关于汽车配件非使用面的表面伤痕问题:从对汽车配件非使用表面伤痕的分析,可以分辨正规生产厂产品和非正规生产厂产品、管理现代化的企业与生产混乱企业间的区别。表面伤痕若是在中间工艺环节上,则是由于产品工艺过程中互相碰撞留下的。优质的产品是靠先进的科学管理,特别是先进的工艺技术制造出来的。生产一个零件要经过几十道工序甚至上百道工序,并且高质量的产品是由很高的工艺装备系数作保障的,所以,高质量的产品是不可能在中间工艺过程中互相碰撞的。

②看表面包装和表面商标。汽车零配件是互换性很强、精度很高的产品,为了能较长时间存放,不变质、不锈蚀,需在产品出厂前用低度酸性油脂涂抹。正规的生产厂家,对包装纸盒的要求十分严格,要求无酸性物质,不产生化学反应,有的采用硬型透明塑料抽真空包装,能提高产品的附加值和身价。箱、盒大都采用防伪标记,常用的有激光、条码、暗印等,这些很重要。在采购配件商品时,要认真查看其商标、厂名、厂址、等级和防伪标记是否真实。因为对有短期行为的仿冒制假者来说,防伪标志的制作也不是一件容易的事,需要一笔不小的支出。另外,在商标制作上,正规的厂商在零配件表面有硬印和化学印记,注明零件编号、型号、出厂日期,一般采用自动打印,字母排列整齐、字迹清楚。

③查看文件资料。首先要查看汽车配件的产品说明书,产品说明书是生产厂进一步向用户宣传产品,为用户做某些提示,帮助用户正确使用产品的资料,通过产品说明书可增强用户对产品的信任感。一般来讲,每个配件都应配一份产品说明书(有的厂家配用户须知)。但也有些厂家,几个配件配一份产品说明书。如果交易量大,还必须查询技术鉴定资料。进口配件还要查看海关进口报关资料。国家规定,进口商品应具有中文说明,一些假冒进口配件一般没有中文说明,且包装上的外文有的文法不通,甚至写错单词,一看便能分辨真伪。

④看规格型号是否与订货要求相符。大多数汽车配件都有规定的型号和技术参数。凡主机厂的配套产品,为了满足主机厂设计要求和适用不同机型(如基本型及变型产品)的多样化要求,大多在基本型基础上进行改进,既保留了基本车型的优点,又适应不同车辆的动力性和经济性要求。因此在订购配件时,一定要熟悉整车与配件的具体型号准确地订购零配件。

(2)经验法。经验法主要侧重以下几个方面。

①看表面硬度是否达标。各配合件表面硬度都有规定的要求,在征得厂家同意后,可用钢锯条的断茬去试划,划时打滑无划痕的,说明硬度高;划后稍有浅痕的硬度较高;划后有明显痕迹的,说明硬度低(注意试划时不要损伤工作面)。

②看结合部位是否平整。零部件在搬运、存放过程中,由于振动、磕碰,常会在结合部位产生毛刺压痕、破损等,影响零件使用,选购和检验时要特别注意。

③看几何尺寸有无变形。有些零件因制造运输、存放不当,易产生变形。检查轴类零件

时,可将轴类零件沿玻璃板滚动一圈,看零件与玻璃板贴合处有无漏光来判断是否变形;检查离合器从动盘钢片或摩擦片时,可将钢片、摩擦片举在眼前观察其是否翘曲;在检查油封时,带骨架的油封端面应呈正圆形,能与平板玻璃贴合无挠曲。无骨架油封外缘应端正,用手握使其变形,松手后应能恢复原状;在选购各类衬垫时,也应注意检查其几何尺寸及形状。

④看总成部件有无缺件。正规的总成部件必须齐全完好,才能保证顺利装配和正常运行。总成件上的一些个别小零件若后装,将会使总成部件无法工作,甚至报废。

⑤看转动部件是否灵活。在检验机油泵等转动部件总成时,用手转动泵轴,应感到灵活无卡滞;检验滚动轴承时,一手支撑轴承内环,另一手打转外环,外环应能快速自如转动,然后逐渐停转,若转动部件转动不灵,说明内部锈蚀或产生变形。

⑥看装配记号是否清晰。为保证配合件的装配关系符合技术要求,在一些零件,如正时齿轮表面刻有装配记号。若无记号或记号模糊无法辨认,将给装配带来很大困难,甚至装错。

⑦看胶接零件有无松动。由两个或两个以上零件组合成的配件,零件之间是通过压装、胶接或焊接的,它们之间不允许有松动现象,如油泵柱塞与调节阀是通过压装组合的;离合器从动摩擦片与钢片是铆接或胶接的;纸质滤清器滤芯骨架与滤纸是胶接而成的;电器设备的接头是焊接而成的。检验时,若发现松动,应予以调换。

⑧看配合表面有无磨损。若配合零件表面有磨损痕迹,或涂漆配件拨开表面油漆后发现旧漆,则多为废旧件翻新。当表面磨损、烧蚀、橡胶零件材料变质时,在目测看不清的情况下,可借助放大镜观察。

(3)敲击法。判定车上的部分壳体及盘形零件是否有不明显的裂纹,用铆钉连接的零件有无松动,轴承合金与钢片的结合情况时,可用小锤轻轻敲击并听其响声,如发出的金属声音清脆,说明零件的状况良好。如果发出的声音沙哑,可以判定零件有裂纹、松动或结合不良。

浸油锤击是一种探测零件隐蔽裂纹最简便的方法。检查时,先将零件浸入煤油或柴油中片刻,取出后将表面擦干,撒上一层白粉(滑石粉或石灰),然后用小锤轻轻敲击零件的非工作面,如果零件有裂纹,通过振动会使浸入裂纹的油漆溅出,裂纹处的白粉呈现黄色浅迹,便可看出裂纹所在。

(4)比较法。用标准零件与被检零件作比较,从对比中鉴别被检零件的技术状况。

4)进口汽车配件的鉴别

进口汽车配件可从包装、内在质量、产品价格和进货渠道来鉴别。

(1)根据包装进行识别,是检验进口配件真伪的重要程序。纯正部件及国外专业配套厂配件的包装制作精美,色彩、花纹、样式都有一定的规则,一般是很难仿制的。仿制的包装制作比较粗糙,较容易辨别。但有些仿制者依靠现代先进的印刷技术,将零件包装制作得很逼真,如不仔细辨认,也很难区别。

进口汽车配件一般都有外包装和内包装,外包装有包装箱、包装盒;内包装一般是带标识的包装纸和塑料袋或纸袋。

纯正进口配件外包装箱(盒)上都贴有厂家统一、印刷清晰、纸质优良,并印有 GENUINE PARTS(纯正部品)标记,且标有零件编号、名称、数量及生产厂和国家。而仿制的标签印刷不精细,色彩不是轻就是重,很难与纯正件包装一致,使用电脑打印的零件编号及生产厂商标记的色彩非轻即重,仔细辨认,就能区分真伪。如小松公司在整个包装盒上印有小松(KOMATSU)和纯正部品(GENUINE PARTS),三菱公司在整个包装盒上印有(MITSUBISI)和纯正部品(GENUINE PARTS),而仿制的包装虽然也印上这些标识,但色彩不正,图案不清晰。有的国外公司为防止伪造,在其包装标签上设有防伪标记,可在鉴别时加以注意。

内包装一般多为包装纸、纸袋或塑料袋,包装上印有纯正部品和公司标记。包装纸的花纹、色彩和图案,仿制品很难与其相同。鉴别进口配件包装时还应注意,工程机械及汽车制造厂都有的专业配套厂零部件供应商。在进口厂家配件中,包装盒上既有整机厂标记,也有配套厂的标记。如三菱重工,其活塞环由日本理研公司(RIKENCORPORATION)配套,外包装箱印制的是 RIK 标记。但里面单个的活塞环盒却是三菱标记的花盒包装,其标记为 MITSUBISHI。活塞环说明书既标明有三菱机动车工业株式会社,也注有理研股份公司,不要误以为内外不一致就不是纯正部品了。

(2)从产品质量来鉴别。从产品质量辨别汽车配件是识别纯正部件真伪的最关键环节。受利益驱动,有的经销商将进口的纯正零件组装成整机后,再用纯正部件的包装装上非纯正件向市场销售。故必须对产品的内在质量进行检验,方能确认进口配件的真伪。对产品质量的鉴别主要进行以下观察、检查和试验:

①从外观上进行检查。看其产品外表的加工是否精细,颜色是否正常。如果有纯正部件的样品,可进行对照检查,一般仿制品表面都比较粗糙,产品颜色也不正。

②检查产品上的标识。纯正进口零件上都打印有品牌标记、零件编号和特定代码等。有些产品上还铭刻有制造厂及生产国。如日本三菱柴油发动机的活塞,在其顶部刻有零件编号、分组号标记 A,B,C 和 UP↑方向标记;活塞裙部内侧铸有机型和三菱标识,并有配套厂的 IZUMI 标识,铸字清楚,容易辨认。仿制品的标识不是漏铸就是字迹模糊不清,很难达到正品的效果。

③通过专用工具测量产品的尺寸,看其是否符合要求。有些厂商还专门为客户提供了测量工具以防假冒。

④对产品进行性能试验。有些零件从外观检测还无法辨别真伪,需用专用仪器进行检测。如喷油器、柱塞要上试验台进行性能试验,检测其喷油压力、喷油量、喷油角度等。

⑤对产品进行理化性能试验。这种情况一般是在对产品内在质量产生怀疑或使用中出现问题时,为向厂家寻求索赔时才使用的方法。

(3)从产品价格上进行辨别。同样的配件,纯正部件、专业厂件、国产件和仿制品的差别很大。纯正部件的价格最高,专业厂次之,国产件、仿制品价格最低。一般纯正部件的价格可超仿制件的 1 ~2 倍,有的甚至还多;国外专业配套厂件比整机厂纯正件略低。定期批量进口的配件执行外商谈判的协议价,平时零星采购的配件则执行外商每年的统一目录价。有时外商还有定期处理配件的优惠价。这些配件的报价(日元或美元)是按照当时的进口汇率计算的,再加上关税、运输费等,然后将其换算成配件单价,这是行业人士共知的常规价。价格低于常规价的配件,即可判断为非纯正件或专业厂件。要注意的是,进口环节中减税和中间经销商加价也会使价格偏离常规价格。

(4)根据进货渠道识别配件质量。目前,汽车配件进货渠道较多,一般包括两种:一是直接从国外进口,二是从经销商那里购买。直接从国外整机厂和零部件配套厂进门的配件,质量都有保障。如果是从经销商那里购买或从港澳转口进来的配件就要根据上述方法如以鉴别。此外,所有直接从国外进口的机械配件,均有订购合同、提单、运单、装箱单及发票。如果从进口公司采购配件,可让其出示上述手续,否则,可判断为非进口正品。

总之,在鉴别汽车配件时,方法是多种多样的,不要使用单一的方法,根据不同的配件种类采取不同的鉴别方法,并综合运用,定能识别配件的真伪。下面以发动机主要零件—活塞的鉴别为例来说明鉴别汽车零件的过程。

例:活塞的产品质量鉴别。

进口活塞品种较多,不同的发动机所配装的活塞型号也不同,而我国以日本进口的居多。就工程机械和重型汽车而言,主要厂家有日本自动工业公司,品名为 IZUMI;川合精密公司,品名为 KSK;富士樱兴产业公司,品名为 SAKURA。其中 IZUMI 品牌的活塞在我国进口的工程机械及重型汽车上使用最多。

①检查外包装。首先看包装箱与原进口的质地是否一样,应着重查看包装箱上的纯正部品标签,纯正部品的标签上印有"GENUING PARTS"、零件编号、名称(PISTON)和整机生产厂的标记,这些标识均为英文,且印刷清晰、色彩一致。

②检查活塞的标识。活塞上均有品名、零件编号、生产厂等标记。以日本三菱柴油发动机为例,活塞裙部内侧铸有机型:8DC8,8DC9,61322 等,在机型上面的铸有"三菱"标记;在活塞裙部的另一侧铸有活塞生产厂标识 IZ[ JMl,所铸标识为凸出状,工整精确,容易辨认。活塞顶端刻有零件编号,如三菱 ME××××××,根据外径的尺寸不同,刻有分组号(A,B 或 C),标准活塞刻有 STD 字样,加大活塞刻有 0.25,0.50,0.75 或 1.00 数字;活塞顶部还刻有安装方向的标记 UP↑,活塞顶部所有的刻印标记都很清晰、规则。

③检查活塞外表的表面粗糙度。纯正活塞的加工工艺精细,无任何疵点,仿制活塞加工粗糙。从活塞裙部表面和活塞孔部分比较容易区分出活塞加工工艺的好坏。

④有的进口活塞其第一道活塞环槽上镶有耐蚀的高镍铸铁,如三菱 8DC 系列发动机的活塞。这也是识别活塞是否纯正件的一个标准。

⑤进口活塞外观尺寸的测量。活塞的顶部为正圆形,直径最小,从第一道压缩环槽以下开始呈椭圆形,椭圆形逐渐加大至油环槽处为最大,从油环槽向下又逐渐减小,至裙部下方处则略呈椭圆形,活塞裙部的中间部位的直径力最大。如不符合上述标准,则不是纯正品。虽每种型号的活塞规格都不一样,但其识别规律是相同的。

⑥对同机型的一组活塞进行称重,看重量是否相同。纯正活塞制造都很精细,同型号的纯正活塞件,其重量应该一样。有些活塞顶部刻有质量参数,检查时如与同组的几只活塞不符,则不是正品。

# 子情境四　汽车配件仓库管理

## 一、仓储管理的内容和功能

1. 仓储管理的基本概念

仓:也称仓库,指存放、保管、储存物品的建筑物和场地的总称,可以是房屋建筑、大型容器或者特定的场地。

储:表示将物品储存以备使用,具有收存、保护、管理、贮藏物品、交付使用的意思,也称储存。

仓储是利用仓库存放、储存未即时使用的物品。简言之,仓储就是在特定的场所储存物品的行为。

仓储的静态:当产品不能被及时消耗掉,需要专门场所存放。

仓储的动态:将物品存入仓库以及对存放在仓库的物品进行保管、控制、提供使用的管理。

仓储是物质产品的生产持续过程，物质的仓储也创造产品的价值。既有静态储存，也有动态（存取、保管、控制）活动发生在特定场所。

仓储的对象：是生产资料和生活资料，但必须是实物动产。

仓储管理是指对仓库和仓库中储存的货物进行管理。从广义上看，仓储管理是对物流过程中货物的储存以及由此带来的商品包装、分拣、整理等活动进行的管理。

2. 仓储管理的基本内容

（1）仓库的选址与建筑。仓库的选址原则，仓库建筑面积的确定，库内运输道路与作业的布置等。

（2）仓库机械作业的选择与配置。如何根据仓库作业特点和所储存货物种类以及其物理、化学特性，选择机械装备以及应配备的数量，以及如何对这些机械进行管理等。

（3）仓库的业务管理。如何组织货物入库前的验收、如何存放入库货物、如何对在库货物进行保管养护、发放、出库等。

（4）仓库的库存管理。根据企业生产的需求状况和销售状况，储存合理数量的货物，即不因为储存过少引起生产或销售中断造成的损失，又不因为储存过多占用过多的流动资金等。

（5）仓库的组织管理。货源的组织，仓储计划，仓储业务，货物包装，货物养护，仓储成本核算，仓储经济效益分析，仓储货物的保税类型，保税制度和政策，保税货物的海关监管，申请保税仓库的一般程序等。

（6）仓库的信息技术。仓库管理中信息化的应用以及仓储管理信息系统的建立和维护等问题。

此外，仓库业务的考核，新技术、新方法在仓库管理中的应用，仓库安全与消防等，都是仓储管理所涉及的内容。

3. 仓储的性质

（1）仓储是物质产品生产过程的持续。这是因为仓储活动是社会再生产过程不可缺少的环节，产品从脱离生产到进入消费，一般要经过运输和储存。

（2）物质产品的仓储提升了物质产品的价值。这是因为：第一、仓储活动和其他物质生产活动一样具有生产力三要素（劳动力——仓储作业人员；劳动资料——仓储设备与设施；劳动对象——储存保管的物资），生产力创造物质产品及其价值。第二、仓储活动中的有些环节提升了产品价值，例如加工、包装、拣选等活动就提升了产品价值。第三、仓储中劳务的消耗，资产的消耗与磨损，即仓储发生的费用要转移到库存商品中去，构成其价值增量的一部分，从而导致库存商品价值的增加。

（3）仓储活动发生在仓库这个特定的场所。

（4）仓储的对象既可以是生产资料，也可以是生活资料，但必须是实物动产。

（5）仓储活动所消耗的物化劳动和活劳动一般不改变劳动对象的功能、性质和使用价值，只是保持和延续其使用价值。

4. 仓储的功能

（1）调节功能。仓储在物流中起着“蓄水池”的作用。一方面仓储可以调节生产与消费的矛盾，如销售与消费的矛盾，使它们在时间上和空间上得到协调，保证社会再生产的顺利进行。另一方面，它还可以实现对运输的调节。因为产品从生产地向销售地流转，主要依靠运输完成，但不同的运输方式在流向、运程、运量及运输线路和运输时间上存在着差距，一般说来，很多商品从产地向销售地流转过程中，需要在中途改变运输方式、运输线路、运输规模、运输方法和运输工具,以及为协调运输时间和完成产品倒装、转运、分装、集装等物流作业,这就需要在产品运输的中途停留储存,即仓储。

(2)检验功能。在物流过程中,为了保障商品的数量和质量准确无误,明确事故责任,维护各方面的经济利益,要求必须对商品及有关事项进行严格的检验,以满足生产、运输、销售以及用户的要求,而物流过程中的检验,一般安排在仓库进货、储存或出货作业环节,仓储活动为组织检验提供了场地和条件。

(3)集散功能。物流仓储把各生产企业的产品汇集起来,形成规模,然后根据需要分散发送到各消费地去。通过一集一散,衔接产需,均衡运输,提高了物流速度、物流效率与效益。

(4)配送功能。仓储的配送功能是根据用户的需要,对商品进行分拣、组配、包装和配送等作业,并将配好的商品送货上门。也可以说,仓储配送功能是仓储保管功能的外延,它提高了仓储的社会服务效能。要使仓储的配送功能较好地实现,要求确保仓储商品的安全,最大限度地保持商品在仓储中的使用价值,减少保管损失。其次是合理仓储,要保证货畅其流,要以不间断满足市场供应为依据,以此确定恰当的仓储定额和商品品种结构,实现仓储的合理化。

5.仓储的作用

(1)物品储存:存储是指在特定的场所,将物品收存并进行妥善的保管,确保被储存的物品不受损害。

(2)流通调控:由于流通中的需要,决定了商品是储存还是流通,这就是仓库的"蓄水池"功能,当交易不利时,将商品储存,等待有利的交易时机。流通控制的任务就是对货物储存还是流通作出安排,确定储存的时机,计划存放的时间,当然还包括储存地点的选择。

(3)数量管理:仓储的数量管理包括两个方面:一方面为存货人交付保管的仓储物的数量和提取仓储物的数量必须一致;另一方面保管人可按存货人的要求分批收货和分批出货;对储存的货物进行数量的控制,配合物流管理的有效实施,同时向存货人提供存货数量的信息服务,以便客户控制存货。

(4)质量管理:根据收货时的仓储物的质量交还仓储物是保管人的基本义务,为了保证仓储物的质量不发生变化,保管人需要采取一些先进的技术、合理的保管措施妥善地保管仓储物。

(5)交易中介:仓储经营人利用大量存放在仓库的有形资产,开展现货交易,有利于加速仓储物的周转和吸引仓储。不仅会给仓储经营人带来收益,还能充分利用社会资源,加快社会资金周转,减少资金沉淀。交易功能的开发是仓储经营发展的重要方向。

(6)流通加工:加工本来是生产的主要环节,但是随着消费的多样化、个性化、变化快的特点,产品生产的发展,又要严格控制物流成本。生产企业将产品的定型、分装、组装、包装等工序留到最接近销售的仓储环节进行,仓储成为流通加工的重要环节。

(7)配送:设置在生产和消费集中地区附近的从事生产原材料、零部件或商品的仓储,根据生产的进度和销售的需要由仓库不间断地、小批量地将仓储物送到生产线和零售商店或收货人手中。仓储配送业务的发展,有利于生产企业降低存货,减少固定资金投入实现准时制生产减少存货,降低流动资金使用量,而且能够保证销售。

(8)配载:对于大多数运输转换,仓储都具有配载的任务。货物在仓库集中集货,按照运输的方向进行分类仓储,当运输工具到达时出库装运。而在配送中心就是在不断地对运输车辆进行配载,确保配送的及时进行和运输工具的充分利用。

## 二、配件仓库管理工作的基本要求

配件仓库管理工作的基本要求有以下内容。

(1)对进厂配件认真检查、验收、入库。

(2)采用科学方法,根据配件不同性质,进行妥善的维护保管,确保配件的安全。

(3)配件存放应科学合理,整齐划一,有条不紊,便于收发查点、检查和验收,并保持库容的文明整洁。

(4)配件发放要有利于生产,方便工人,做到深入现场,送货上门,满足工人的合理要求。

(5)定期清仓、盘点,技师应掌握配件变动情况,避免挤压、浪费和丢失,保持账、物、卡的相符。

(6)不断提高管理的业务水平,确保验收、分类、堆放、发送、记账等手续简便、迅速和及时。

(7)搞好旧配件和废旧物资的回收利用。

## 三、货架及储物盒

1. 货架等的一般要求

(1)货架的承载要求:小货架每层承载要求35kg;中货架每层承载要求60kg;大货架每层承载要求350kg。

(2)货架结构和数量

①小货架:这种货架可采用盒式货架,即标准的金属板构成的小室组成,通过货架抽屉和可移动的分隔板来区分货位,也可采用塑料盒或纸质盒来区分货位,用于放小配件及中等配件,见图6-7所示。货架的参考尺寸:1000mm(宽)、300mm(深)、2000mm(高);塑料盒或纸盒尺寸:180mm(宽)、280mm(深)、140mm(高)。

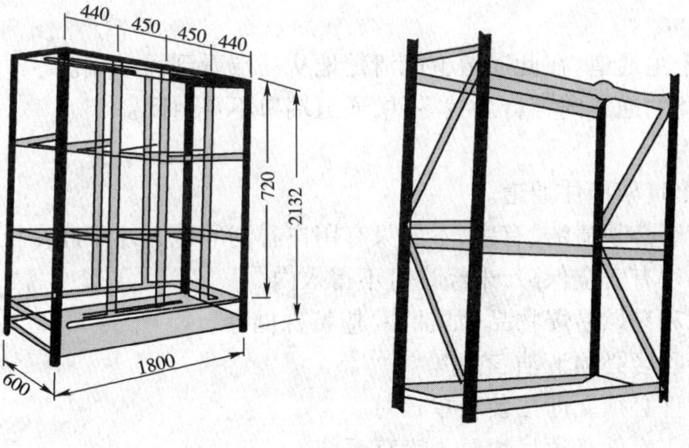


图6-7　货架(尺寸单位:mm)

②中货架:可采用可移动隔板来区分货位,亦可在零部件之间留有一定空间来区分货位。用于放中等配件。中货架的参考尺寸1000mm(宽),600mm(深),2000mm(高)。

③大货架:由金属部件构成,允许有不同的尺寸,尺寸变化明显的是根据货架上存放的配

件大小及库房面积和高度而变化。适用于车身件、挡风玻璃、叶子板、轮胎、保险杠等。参考尺寸:单层货架 2000mm(宽),1500mm(深),2500mm(高);双层货架 2000mm(宽),1500mm(深),2200mm(高)。具体尺寸可根据库房面积、高度等相应调整(建议采用可调式货架以便于适用不同尺寸的配件)。

④货架的参考数量如表 6-2 所示。

**货架的参考数目** 表 6-2

| 货架的种类 | 零部件百分比(%) | 货架百分比(%) | 货架数(个) |
|---|---|---|---|
| 小货架 | 75 | 53 | 40 |
| 中货架 | 10 | 20 | 40 |
| 大货架 | 8 | 20 | 6 |
| 长条货架 | 2 | 2 | 1 |
| 易损件货架 | 5 | 5 | 4 |

2.货架布局的注意事项

根据零部件的形状和数量选择合适的货架,小的零件要放在硬质纸盒或料盒里。

货架布局要保证通道畅通无阻,再好的零部件如果仓储方式不当也会影响工作效率并可能使用户不满。仓储区必须留有一定的空间,防止货架爆满,防止损伤人员或损坏零件,货位更新必须纳入日常工作。货架布局应注意以下要点:

(1)货架中留有增加库存的空间,避免进行大规模仓储重新安排。

(2)一般货架与特殊订购货架分开放置。

(3)零件必须编码存放。

(4)货架保持清清洁。

(5)货架间员工可无障碍通过,其标准宽度为 90 cm;若要搬运辅料或钣金等大件通过,要求标准宽度为 130cm。

(6)至少设一个主通道,在此通道上能清楚地从一端看到另一端。

(7)可在货架间的通道内穿行寻找零件,通道端口不得封闭。

(8)光线充足。

(9)无零件伸出货架挡住通道。

(10)所有仓储区必须清洁、有序,不能只有用户看到的地方才干净。

(11)仓储区必须有安全保障,未经许可不得入内。

(12)贵重物品和易燃易爆物品(如油漆)应特殊储存。

(13)发运和接收区必须清洁、有序。

(14)所有到货件必须立即按装箱单核对。

(15)检查后的入库件必须尽快录入库存系统。

(16)紧急订货必须优先验货,以便通知用户或等件的维修车间。

## 四、仓位编号

为了快速、准确地找到所需零件,需要对零件存放位置进行定位。一般采用仓位编号来表示,仓位编号包括货架号、层号、列号,如图 6-8 所示。

货架号

面向货架从左至右编号（编号方法必须统一）。

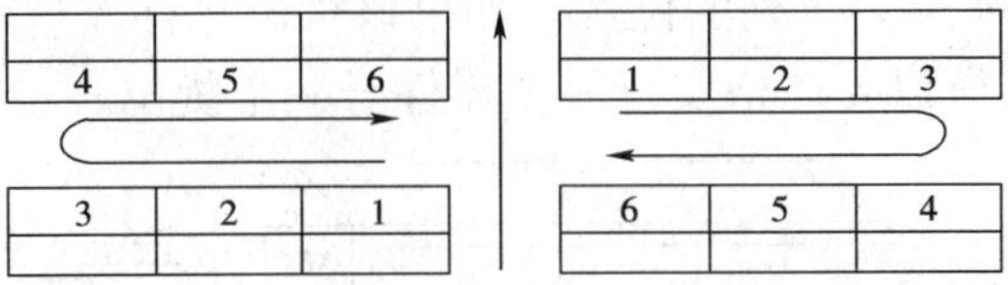


货架层号

从下层向上层依次编号，货架层变动时易于处理。

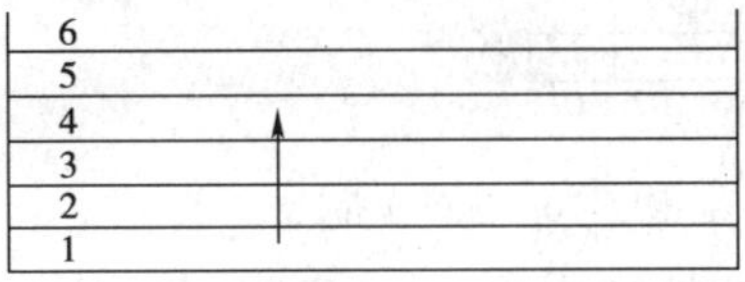


货架层列号

面对货架从左侧起横向依次编号。

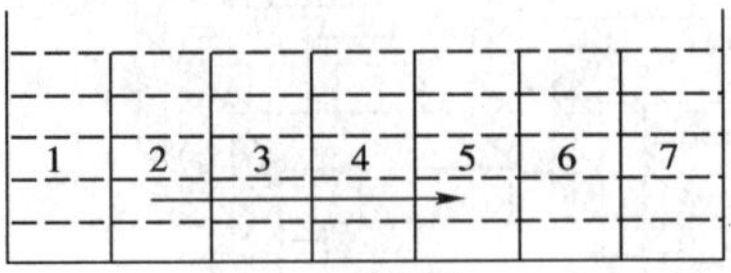


图 6-8 仓位编号

## 五、仓库保管七原则

仓库的保管应当遵循七项原则。

(1)按周转速度存放。根据零件流通级别，快流件存放于靠近作业区且易于取放的货位，缩短出入库作业路线，提高工作效率。

(2)重物下置。从出入库作业的安全性和工作效率方面考虑，重的零件应放置在下面。若重物上置可能导致落下伤人、货物损坏、上架取放不方便等。

(3)竖直存放。有些零件，如车门、排气管、挡风玻璃等扁平或细长件宜竖直存放（如图6-9所示），平放会导致下面的零件损坏、浪费空间、长的零件会从货架伸出通道，影响通行，而且不安全。

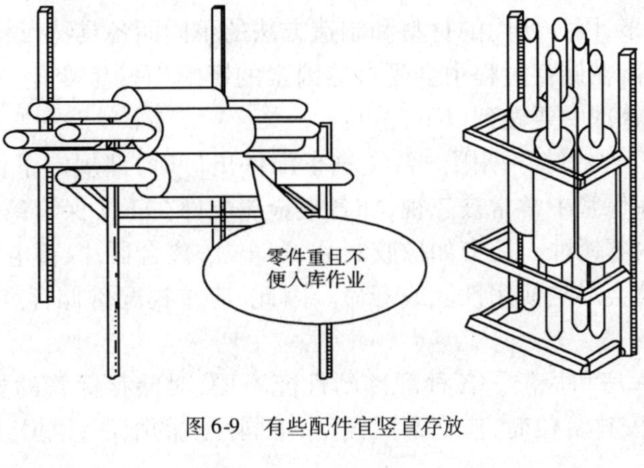


图 6-9 有些配件宜竖直存放

(4)一个零件号一个货位。把不同编号的零件分别存放,零件混放容易导致寻找困难或找不到。如图6-10所示,根据销售人员打印的出库票单A03-01-04,说明该零件的货位是A区03货架的由下向上数第4层第一列的位置。如果该货位只存放这一种零件,即使没有经验的人也能准确无误地找到,所以要严格实行一个零件号一个货位。

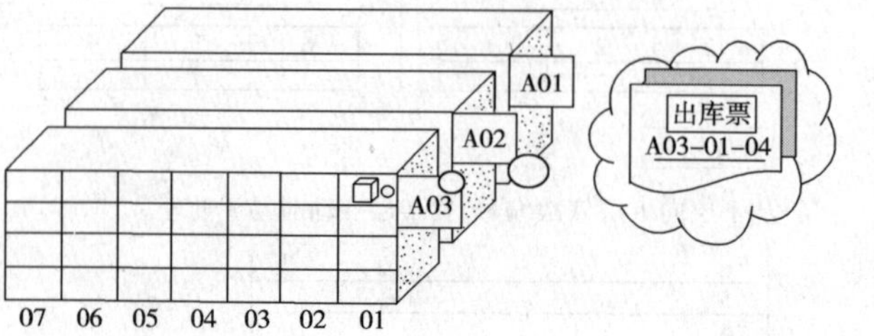


图6-10 配件定位

(5)按零件类型存放。把相似的零件排放在一起(见图6-11),以提高货位的空间利用率。

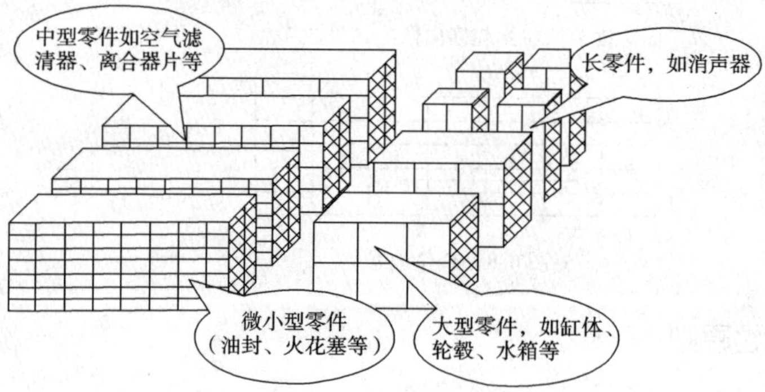


图6-11 相似的零件排放在一起

(6)容易滑动的零件要经常巡视。

(7)零件存放于伸手可及的位置。从方便作业、提高工作效率的角度出发,应将零件存放在手能到达的位置。如果零件存放在过高的地方,提取及上架时要使用梯子,造成作业不便,效率低下。

## 六、配件的保管与保养

1. 自然因素对汽车配件的影响

汽车配件品种繁多,因为使用的材料和制造方法的不同而各具特点,有的怕潮、有的怕热、有的怕光、有的怕压等,在储存过程中会受自然因素的影响而发生变化,从而影响到这些商品的质量,因此,在仓储管理中要做到以下几点:

(1)要重视各种配件的储存期限。各类汽车配件出厂时,都规定了保证产品质量的保存日期,但在进货及仓库保管中常常被忽视,如各类金属配件在正常保管条件下,自出厂之日起,厂家保证在12个月内不锈蚀。还有如橡胶制品、刹车片、离合器片、蓄电池等都有一定的规定期限,如果超出期限就会影响使用性能或寿命。因此,应重视配件储存期限,力求在期限内尽快销售。

(2)安排适当的库房和货位。各种配件的性能不同,对储存保管的要求也不一样,所以,在库房和配件进库后安排货位时,应把不同类型、不同性质的配件,根据其对储存条件要求,分别安排在适当的仓库和货位上去。例如，忌潮的金属配件，就应该集中放在通风、透光的位置；对于忌高温的配件，就应该放在能避阳光的位置；对于防尘、防潮、防高温要求高的配件，应设专柜储存、专人保管，这样安排比较合理。对于高档或已开箱的配件，如：收音仪器仪表、轴承等，在条件具备的情况下，可设密封室或专用储存柜储存。

(3)配件加垫。汽车配件绝大部分都是金属制品，属忌潮物资，一般都应加垫，以防锈蚀。

(4)加强仓库内温度、湿度控制。可采取自然通风、机械通风或使用干燥剂等措施，以控制室内温度和湿度。具体地说，就是根据不同季节、不同的自然条件，采取必要的通风、降潮、降温措施。

(5)严格配件进出库制度。仓储配件应严格执行先进先出的原则，尽量减少配件在库时，使仓储不断更新。

(6)建立配件保养制度。可选派一些有配件保养知识和保养经验的人员，对滞销积压及受损配件进行必要的保养。

(7)搞好库内外清洁卫生。要做到库房内外无垃圾、无杂草、杂物，加强环境绿化，以防尘土、脏物和虫害的滋生。经常检查库房内的孔洞、缝隙以及配件包装、建筑的木质结构等，发现虫害，及时采取措施捕灭。

(8)保证配件包装完好无损。凡是有包装的配件，一定要保持其内外包装的完好，这对于配件保管员来说，是一项重要的规定，必须严格遵守。如果损坏了包装，在某种意义上讲，就等破坏了配件的质量，因为包装本身主要就是为了保护配件质量，用以防潮、防尘、防碰撞。

*2. 特殊配件的存放*

特殊配件的存放主要有以下几点需要强调：

(1)不能沾油的汽车配件存放。轮胎、水管接头、三角皮带等橡胶制品怕沾柴油、黄油、机油，尤其怕沾汽油，若常与这些油接触，就会使上述橡胶配件膨胀，很快老化，加速损坏报废。

干式纸质空气滤清器滤芯不能沾油，否则灰尘、砂土黏附上面，会将滤芯糊住，这样会增大汽缸进气阻力，使汽缸充气不足，降低发动机的功率。

发电机、启动机的碳刷和转子若沾上黄油、机油，会造成电路断路，使工作不正常，甚至汽车不能启动。

风扇皮带、发电机皮带若沾上油，就会引起打滑，影响正常工作。

干式离合器的各个摩擦片应保持清洁干燥，若沾上油就会打滑。同样，制动器的制动蹄片沾上油，则会影响制动效果。

散热器粘上机油、黄油后，尘砂黏附其上，会影响散热效果。

(2)爆震传感器的存放。爆震传感器受到重击或从高处跌落会损坏，为防止取放时失手跌落，这类配件不应放在货架或货柜的上层，而应放在底层，且应分格存放，每格一个，下面还应铺上海绵等软物。

(3)减振器的存放。减振器在车上是承受垂直载荷的，若长时间水平旋转，会使减振器失效。因此，在存放减振器与保养减振器时，要将其竖直放置。

*3. 库房基础设施的管理*

一个好的管理流程起源于设计合理和完善的基础设施。所以，在规划建设时必须想到各方面的功能，要进行合理的设计，并付诸实施。如果设计不合理或不完整，必将给以后的一系列工作带来不方便，造成人员、时间、成本等的浪费。反之，一个布局合理的零件仓库，会给工作人员带来方便，不会出现浪费。合理的规划必须注意以下几点：

(1)外部因素。首先,选址要合理。配件仓库是一个特殊的地方,它是一个独立体,一部分业务的源头在配件部,如配件批发、零售等,所以在考虑选址时要考虑到外部人员来访的方便性。其次,配件部又是汽车售后服务的一个主要服务部门,修理部的技师在维修过程中会经常与配件部打交道,所以就要求两个部门相邻。

(2)内部因素。布局合理的仓库要考虑多方面的因素。零件有大有小、有轻有重、有长有短、有规则也有不规则的、有常用的和不常用的、有快件和慢件、有化工产品、玻璃制品、金属制品等等。所以,在规划仓库区时,要划分出大件区、中件区、小件区和危险品区等区域。划分区域的同时,还需要考虑配件的轻重,是否为常用件等,要遵循轻件放在上面,重件放在下面,常用件放在外面,不常用的放在里面的原则。这样,取货方便,提高了工作效率。

除了配件的摆放之外,还要划分办公区、发料区以及暂存货品的暂存区。

# 子情境五　汽车配件入库

汽车配件入库包括接运、验收和入库三个环节。

## 一、汽车配件接运

进仓是配件入库的第一步。它的主要任务是及时而准确地接收入库配件。在接运时,要对照货物清单认真检查,做到交接手续清楚、证件资料齐全,为验收工作创造有利条件。避免将已发生损失或差错的配件带入仓库,造成仓库的验收或保管困难。

## 二、汽车配件验收

凡要入库的配件,都必须经过严格的验收。物资验收要按照一定的程序或手续,对物资的数量或质量进行检查,以验证它是否符合订货合同。验收记录为配件的保管和使用提供可靠依据,也是仓库对外提出换货、退货、索赔的重要凭证。因此,验收工作要做到及时、准确,在规定期限内完成,要严格按照验收程序进行。

验收作业程序是:验收准备—核对资料—检验实物填写验收记录。

### 1. 验收准备

搜集和熟悉验收凭证及有关订货资料;准备相应的验收工具,准备装卸搬运设备、工具及材料;配备相应的人力;根据配件数量及保管要求,确定存放地点和保管方法。

### 2. 核对资料

凡要入库的零配件,应该具备完备的资料,包括:入库通知单、供货单位提供的质量证明书、发货明细表、装箱单、承运部门提供的运单及必要的证件。仓库需对上述各种资料进行整理和核对,无误后才可进行实物检验。

### 3. 实物检验

主要包括对配件的数量和质量的检验。数量验收是查对所到配件的名称、规格、型号、件数等是否与入库通知单、运单、发货明细表一致。质量验收,一是仪器验收,二是感观验收,主要检验汽车配件证件是否齐全,汽车配件是否符合质量要求。例如,有无合格证、保修证、标签或使用说明等;有无变质、水湿、污染、机械损伤等;是否假冒等。需进行技术检验来确定其质量的,应通知企业技术检验部门检验。还应注意必须妥善保管配件的原厂合格证,以便对质量问题进行交涉和索赔。

### 三、汽车配件入库

汽车配件经过验收后,对于质量完好、数量准确的汽车配件,应及时办理入库手续,进行登账、立卡、建立档案,妥善保管配件的各种证件、账单资料。

1. 登账

仓库对每一品种规格及不同级别的物资都必须建立收、发、存明细账,它是及时、准确地反映物资储存动态的基础资料。登账时,必须要以正式收发凭证为依据。

2. 立卡

物卡是一种活动的实物标签,它反映库存配件的名称、规格、型号、级别、储备定额和实存数量,一般直接挂在货位上。

3. 建档

该配件历年来的技术资料及出入库时有关资料应存入档案,以便查阅和积累配件保管经验。档案应一物一档,统一编号,以便查找。

## 子情境六　汽车配件出库管理

### 一、选择与鉴别汽车配件

用简单的技术手段选择与鉴别汽车配件,常用的方法有:

1. 目视法

对于表面损伤的零件,如毛糙、沟槽、刮痕、明显裂纹、剥落、折断、缺口或破洞等,以及零件的重大变形、弯曲、严重磨损、表面烧蚀、橡胶零件材料的变质等,都可以通过眼看或借助于放大镜进行观察、检验,以确定其是否需要修理或报废。

2. 敲击法

判定壳体及盘形零件是否有不明显的裂纹、用铆钉连接的零件间有无松动、轴承合金与钢片的结合情况如何时,可用小锤轻轻敲击并听其响声,如发出的金属声音清脆,说明零件的状况很好;如果发出的声音沙哑,可以判定零件有裂纹、松动或结合不良。

浸油锤击是一种探测零件隐蔽裂纹最简单的方法。检验时,先将零件浸入煤油或柴油中片刻,取出后将零件表面擦干,撒上一层白粉(滑石粉或石灰),然后用小锤轻轻敲击零件的非工作面。如果零件有裂纹,通过振动会使浸入的油渍溅出,裂纹的白粉呈黄色浅迹,由此便可看出裂纹所在。

3. 比较法

用作为标准的零件与被检验的零件作比较,从对比中鉴别被检验的零件的技术状况。正品价格较高,但质量可靠,坚固耐用,故用户均愿采用。凡是国外原厂生产的纯正品,包装盒上均印有英文“Genuine Parts”或中文“纯正品”字样。

针对近年来汽配市场出现假冒进口汽车配件的实际问题,经营者必须详细了解并熟悉国外主机厂、配套厂专业的商标、包装、标记及一般的检测方法和数据。到货后,一般应“由外到里,由大包装到小包装,由外包装到内包装,由包装到产品标签,由标签到封签,由零件编号到实物,由产品外观质量到内在质量”逐步进行详细检查验收。

## 二、汽车配件出库

配件出库是仓库业务的最后阶段，它的任务是把配件及时、迅速、准确地发放到使用者手中。出库工作的好坏直接影响企业的生产秩序，影响到配件经营的盈亏、损耗和周转速度。

为保证配件出库的及时、准确，应使出库工作尽量一次完成。同时，要认真实行“先进先出”的原则，减少物资的储存时间，特别是有保存期限的配件，应在限期内发出，以免配件变质损坏。应严格按照出库程序进行工作。

1. 营业员接待顾客并开出零件取货单

由营业员接待顾客或修理部员工，根据要求开出“零件取货单”。见表6-3零件取货单。

**零件取货单** 表6-3

深圳××汽车服务有限公司

配件取货单(修理部)

操 作 卡____________

车　　牌____________　　　　发票凭单

挂账户口____________　　　　开单日期　　年　月　日

| 数量 | 车系 | 零件编号 | 名称 | 仓位 | 单价 | 提货数量 | 金额 |
|---|---|---|---|---|---|---|---|
| | | | | | | | |
| | | | | | | | |
| | | | | | | | |

营业中________　　仓务员________　　领料________　　合计金额________

2. 仓务员从仓库清点出所需配件

仓务员按照“零件取货单”上仓位编号、零件名称、数量清点出有关零件，在“零件取货单”上签字，表示所需配件确实有货，并将该单返回营业员。

3. 顾客查验配件

由顾客(或修理部职员)查验是否是所需配件，核实后即可提货。

4. 办理交款提货手续

顾客要当场交款并提货，若是修理部职员，则签字提货。

# 子情境七　仓储零件盘点

## 一、仓储零件盘点

1. 仓储零件盘点的目的

仓储零件盘点的目的是如实的反映存货的增减变动和结存情况，并对零件加以整理，使账、物、卡相符。零件存货位置准确，有利于分析存货的合理性和经营状态的优劣，为日后的再订货和经营策略的调整提供有效的依据，以及对仓储结构进行合理控制。

2. 仓储零件盘点的内容

(1)核对存货的账面结存数与实际结存数，查明盈亏存货的品种、规格和数量并予以分析。

(2)查明变质、损坏的存货以及超储积压和长期闲置的存货品种、规格和数量。

(3)收集、汇总、清除伤残损件且登记在册，并采取有效措施予以处理与隔离。同类零配件需集中摆放，不应混放，检查零配件的摆放位置是否正确，便于查找，货位标签是否正确完好，否则应更换。

(4)进行清仓打扫，按库房管理规定进行清理整顿。

## 二、仓储零件盘点的形式

盘点主要有永续盘点、循环盘点、定期盘点和重点盘点等形式。

(1)永续盘点。保管人员每天对有收发动态的配件盘点一次，并汇总，以便及时发现和防止收发差错。

(2)循环盘点。指保管人员对自己所管物资分别按轻、重、缓、急，作出月盘点计划，按计划逐日盘点。

(3)定期盘点。指在月、季、年度组织清仓盘点小组，全面进行盘点清查。

(4)重点盘点。根据季节变化或工作需要，为某种特别目的而对仓库物资进行的盘点和检查。

## 三、仓储零件盘点方法和表格

### 1. 实地盘点法

盘点仓储零件时，不便清点的小件可以用称重法求出仓储总数，即将一定数量的零件作为“标准件”，称其重量后，再称出该批零件的总重量，即可计算出仓储零件的总数。

称重法计算公式为：总数 = 总重 × 标准件的数量/标准件的重量。

### 2. 盘点表格

盘点表格包括：

(1)盘点卡，盘点卡上有盘点日期、盘点人签字、配件号、名称、位置码、清点结果。

(2)盘点总表，用于盘点结果登记，总表上包括每个件的位置码、账面数与清点数。

(3)盘点报表，该表包括进货价格、账面数、实际存数、盈亏数量、金额和原因，反映仓储变质和超储积压情况，作为盘点的结果和财务处理的依据。

## 四、盘点中出现问题的处理

对于盘点后新出现的盈亏、损耗、规格串混、丢失等情况，应组织复查落实，分析产生的原因，及时处理。

(1)储耗。对易挥发、潮解、溶化、散失、风化等物资，允许有一定的储耗。凡在合理储耗标准以内的，由保管员填报“合理储耗单”，经批准后，即可转财务部门核销。储耗的计算，一般一个季度进行一次，计算公式如下：

合理储耗量 = 保管期平均仓储量 × 合理储耗率；

实际储耗量 = 账存数量-实际数量；

储耗率 = 保管期内实际储耗量/保管期内平均仓储量 × 100%；

实际储耗量超过合理储耗部分作盘亏处理，凡人为因素造成物资丢失或损坏，不计入储耗内。

(2)盈亏和调整。在盘点中发生盘盈或盘亏时，应反复落实，查明原因，明确责任。由保管员填制“仓储物资盘盈盘亏报告单”，经仓库负责人审签后，按规定上报审批。

(3)报废和削价。由于保管不善，造成霉烂、变质、锈蚀等配件，在收发、保管过程中已损坏并已失去部分或全部使用价值的或因技术淘汰需要报废的，经有关方面鉴定后，确认不能使用者，由保管人员填制“物资报废单”上报审批。由于上述原因需要削价处理者，经技术鉴定，由保管人员填制“物资削价报告单”，按规定报上级审批。

（4）事故。由于被盗、火灾、水灾、地震等不可抗拒因素或仓库有关人员失职，使配件数量和质量受到损失者，应视作事故向有关部门报告。

在盘点过程中，还应清查有无本企业多余或暂时不用的配件，以便及时把这些配件调剂到其他需用单位。

## 五、盘点需要注意的事项

所有的到货应立即上架，清点时不要遗漏或另放它处。

货架的标签应与实物相符，发现问题及时纠正和补充，破旧或不清楚的标签要及时换新。

配件号不同，而实物相符的零件要做好混库处理，并做好记录；配件号相同，而实物不相符的零件，要做好分析处理并反馈给厂家配件部。

完整的包装应放在货架的前面（或上面），已打开的包装应放在后面（或下面），数量不足的包装应填充成标准包装。

## 六、盘点步骤

仓储零件的盘点步骤如图6-12所示。

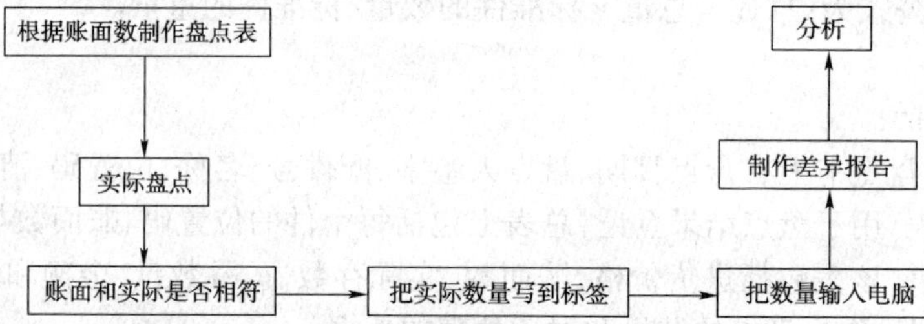


图6-12　仓储零件的盘点步骤

# 子情境八　汽车配件销售与索赔

## 一、汽车配件的销售

汽车配件销售过程包括12个关键因素，他们能提高经销商售后服务的效率和生产力，能获得更高的客户满意度，并提高经销商的盈利能力。这12个因素从主动的客户接触、客户预约开始，直到最后阶段对客户抱怨的解决及预防。

1. 主动接触客户

（1）为下一次保养或年检的日期搜集信息。

（2）建立需要保养或年检的潜在客户清单。

（3）给需要保养或年检的客户发信息。

（4）核查客户是否已经作了约定。

(5)接触那些没有回应的客户。

2. 顾客预约

(1)确定并记录客户的要求。

(2)定下约定的时间。

(3)准备维修工单所需要的信息。

(4)准备客户欢迎板。

3. 互动式接待

(1)解释共同进行车辆检查的好处。

(2)核查保养记录本。

(3)与客户一起检查车辆。

(4)维修工单的内容与客户达成一致。

(5)完成并分发维修工单。

(6)提供有礼貌的服务。

4. 目录式报价

(1)确定所需的所有配件。

(2)根据维修工单确定人工内容。

(3)核查是否有配件。

(4)就价格和完工时间达成一致。

(5)提前向配件部发出工单。

5. 客户关怀

(1)提供安排良好的、令客户安心的等待区。

(2)提供上门服务的机会。

(3)对问题提出建议。

(4)确定将来可能会有的需求。

(5)推销其他服务。

6. 工单排程

(1)使用适当的计划栏。

(2)建立每天的工作容量及相对应的工作。

(3)计划维修工单。

(4)保留相应时段以保持灵活性。

(5)运用有效的测试导向的工作程序。

7. 预先检料

(1)配件部预先检料。

(2)提前预订配件。

(3)如果必须,要安排其他来源。

8. 工单处理

(1)核查维修工单并讨论工作顺序。

(2)在棘手的事项上提供专业协助。

(3)不断核查工作的质量。

(4)举行质量会议。

(5)运用有效的工作流程。

9. 完工和结算

(1)执行最终测试,以确保所有工作都已完成。

(2)在客户到来之前准备好简单易懂的发票。

(3)把汽车里外清理干净。

(4)通知客户完工时间,约定取车时间。

(5)确保发票没有超过预估。

(6)更新保养历史纪录。

10. 提供信息和交车

(1)向客户说明交车过程中需做的工作。

(2)确认将来要做的工作。

(3)对车的护理和保养提出建议。

11. 服务后回访

(1)询问客户是否完全满意。

(2)确认任何有顾虑的地方。

(3)利用客户反馈不断地进行改进。

12. 问题解决和预防

(1)迅速排除顾虑。

(2)以有序的方式收集信息。

(3)分析信息并找出根本原因。

(4)利用信息作出改进。

## 二、汽车配件销售技巧

汽车配件销售是一个较为特殊的销售行业,是建立在长期稳定、相互信任、合作基础上的业务往来,做的是品牌、是信誉,掌握汽车配件销售的技巧很有必要。

1. 客户需求及心理分析

汽车配件的销售对象一般可以是汽车维修企业、汽车配件商、单位车队、一般车主等,不同的客户对车辆的认识和行业的了解认知程度存在较大的差异,其需求也各不相同,因此在配件销售中要因人而异,对客户的需求和心理进行分析。为了对众多的客户能有效地提供最佳的服务,还需要销售人员对客户资料作详细的分析并给予最大限度的支持,并确定是否给予送货服务,是否需要定期拜访等。

用户购买配件的心理活动分为:产生动机;寻找商品;要求挑选;决心购买;买后感受等五个阶段。从用户进店走近柜台的行动、寻找商品的神态中正确判断他们的来意,做到先打招呼、热情接待;观察用户的购买行为,从其行动和表情中分析用户的心理活动,判断用户的购买动机,进一步判断出用户的企业性质,拥有多少车辆和购买能力;当用户购买完配件之后,还要观察、分析用户买后的心理活动和感受,判断出用户的满意度,做好售后服务,为下次交易打下基础。购买动机和购买要求,是形成购买行为的主要因素。

2. 商品介绍与 FAB 法

汽车配件销售人员要将所经营的配件商品介绍给顾客,介绍的目的主要是使顾客了解商品,使顾客认同所经营的商品,并且产生购买的欲望。销售人员在向顾客介绍配件商品时,单纯的配件性能、参数指标的罗列会让顾客感觉茫然,如何激发顾客的需求,使顾客尽快由商品认知阶段转入购买行动阶段,这就需要通过销售人员敏锐的洞察力和成功的商品介绍,去实现顾客需求点与配件特征之间的对应。在介绍配件时,要注意从顾客所处的角度和所关心的问题出发,强调配件的特征和最佳卖点,如果遇到比较专业的顾客,还可以通过实例、现场演示等方式进行介绍。

在进行配件商品介绍时,销售人员可以应用营销中的FAB技巧。

1)特征(Feature)

在介绍过程中,注意从配件的特征入手,着重讲本质、功能,描述工作原理,这就需要销售人员对所经营配件的技术特征、构成、材料、工艺、目前的技术水平等有深入透彻的了解。介绍过程中要随时注重顾客的反应,如在讲到配件的某项特征时,顾客频频点头,表明顾客可能对该项技术有所了解,销售人员就可以适当抛出一些深层次的专业术语,使顾客认同销售人员所介绍的特征。如果顾客表情茫然,反应不强烈,就要在介绍中多用一些通俗易懂的语言激发顾客的兴趣,让顾客开口,作出肯定或否定的决定。在汽车配件的介绍中,还要关注配件之间的关联性。例如,顾客需要购买汽车点火线圈配件,销售人员就可以建议顾客彻底检查一下汽车的点火系统,看看火花塞是否出现积炭或烧蚀,是否需要清洗或者更换,以保证发动机的良好运行。另外,同一厂家甚至不同厂家的某些车型的某些配件是可以通用互换的,这就需要销售人员平时注意积累自己的经验,记住常规配件的互换性,在销售过程中可以向客户进行有针对性的推荐。

2)优点(Advantage)

介绍完配件的特征,接下来需要运用好横向对比的销售技巧,多引用旁证材料,突出所介绍的配件的优点、优势。同一种商品在价格、包装、品牌等方面都会有一些差异性,销售人员就要帮助顾客分析所介绍配件的优点,以及和其他产品的差别在哪里。在进行比较的过程中,要进行综合、全面的比较,说明其优势所在,切忌故意以贬低其他产品的方法,来抬高自己的产品。

3)利益(Benent)

销售人员能否将商品的特征和优点转换成为顾客的最终利益,是达成交易的关键步骤,因为利益才是顾客发生购买行为的最终动机。所介绍的商品有再多的特征和优点,如果不能为顾客所认可,转化为顾客所需要的最终利益,对顾客而言,都不能称之为利益。但如果在交谈过程中挖掘出顾客的特殊需求点,并及时利用商品的某些特性和优点满足那些需求,就转化为顾客的最终利益。所以,成功的商品介绍,就是能够满足客户的特殊需求或帮助顾客购买到他所需要的最大利益。

销售人员需要做的就是要说明此配件商品能给客户带来的好处,由于其优异的质量和良好的性能可以为客户带来更好的实用性,创造的有效价值可相应降低其他消耗,比如说能减少阻力、降低油耗、改善整车性能、延长维护周期等。

配件的售后服务也是介绍的重点。有些客户也许会忽略这一点,但作为销售人员绝不能忘记,要主动谈及售后服务的相关情况,这不仅仅是在保护消费者的权益,也是保护企业自己的切身利益,是企业可持续发展的需要。

对配件商品的介绍是销售人员与顾客直接面对面交流时间最长的一个环节,能否抓住顾客的心,使其迅速作出购买决定,很大程度上取决于这个环节。在介绍过程中,要注重与顾客的充分互动,不要一直滔滔不绝的单方面灌输,而应当注意节奏的变化,有来有往,调动顾客的积极性,多提一些简单的互动性的问题,并通过提问发掘顾客的需求点。

商品介绍对于销售人员的礼仪、风貌、言谈举止的要求较高,在此基础上,还要熟知自己所销售配件的结构、功能、特性等专业知识,以满足不同背景顾客的需要。

FAB 法需要配件销售人员在日常工作中不断积累经验,多学习,多思考,才能运用得得心应手,并取得良好的效果。

3. 抓住成交机会

成交是整个销售过程中的关键阶段。在成交阶段,销售人员的核心任务是促使顾客采取购买行动,这就需要特定的方法促使顾客最终达成交易。

1)成交信号的识别

在销售活动中,顾客如果已经产生购买意图,这种意图通过语言或行动显示出来,表明可能采取购买行动的信息称为成交信号,成交信号主要包括:

(1)语言信号。顾客开始谈论以下问题,可能就是一种成交信号。

①配件的当前库存量或最快交货日期、交货方式、运输方式、付款方式;

②配件的安装、使用、维护、存储、保养和售后服务;

③开始讨价还价,进一步压低价格,当出价合理时,仍然以种种理由要求降低价格;

④对目前正在使用的其他厂家的产品表示不满;

⑤提出转换洽谈环境与地点。

(2)动作信号。销售人员认真观察顾客的动作可以识别是否有成交的倾向,因为一旦顾客完成了认识产品的过程,拿定主意要购买时,一般会觉得一个艰苦的心理活动就要结束了,会出现和前面过程完全不同的动作,比如频频点头,仔细端详配件产品,仔细看说明书,陷入沉思,突然移动身体,改正坐姿,反复询问商品好坏等这样的细节动作变化。

(3)表情信号。顾客陷入深思,或神色更加活跃,态度更加友好,对销售人员的态度明显好转,表情突然变得开朗,眼神和面部表情更加温和、开朗等细节表情的变化也是一种成交信号。

在与顾客面谈时,要时刻留意对方,特别是在话题转换时认真观察顾客表现出什么不同的状态,对方的语言、动作、表情的细微变化往往就是顾客的"购买信号"。实际上,如果销售人员善于分析顾客的购买心理,从顾客的注意力被吸引、发生兴趣、产生联想、激起欲望、提出异议、比较、下定决心等一系列阶段性的变化,就会发现这是达成交易的最佳时机。准确地把握时机非常重要,过早或过晚提出交易都不利于交易的完成。

2)达成交易的常用方法

(1)从众成交法。顾客大多都会有一些从众心理,对于一般车主来说,其消费行为既是个人行为又是社会行为,既受个人消费观念影响,又会受到社会消费环境的影响,比如,销售人员可以对前来购买配件的车主说:"我们这种品牌的汽车润滑油可以提高发动机的动力性,并且可以改善燃油经济性、减少尾气排放,深圳的很多车主都很喜欢用我们这种牌子的润滑油。"销售人员应该能够用例证、数字或调查结果说明确实有客户购买,而不是空口无凭,更不能欺骗顾客。

(2)机会成交法。此成交法是依据机会成本理论,即向顾客说明购买机会本身就是一种财富,如果失去机会就等于要多支付机会成本。比如可以利用调价机会说:"该产品即将推出新一代,现在是最佳购买时机,性价比很高,以后推出的新产品会贵很多。"

(3)直接请求成交法。明确的直接请求顾客购买产品的成交方法,适用于已经识别出顾客的成交信号的情况,利用请求向顾客进行提示,并向顾客略为施加一些心理压力,从而达成交易。

(4)选择成交法。销售人员提出两项以上的建议供顾客选择,每个建议选项都对销售活动有利,因为如提出一项建议很有可能被对方一口否决,而提供两项以上的选择有助于引导顾客将注意力集中在可选方案的比较上,有助于交易的完成。例如,配件销售人员可以这样建议准备日常保养的车主:“您看是现在提货还是周一给您送过去?您除了需要购买我们这里的制动液以外,还是否要检查一下您的爱车,看看是否应该更换制动摩擦片?”

(5)假定成交法。销售人员假定顾客已经同意购买,通过讨论一些细节问题,从而促成交易的完成。这种方法适用于老顾客、中间商、决策能力较低的顾客以及主动表示要购买或已经表现出购买的顾客,这种方式避免了与顾客谈论购买决策的问题,在一定程度上减轻了顾客的心理压力,把顾客成交信号直接过渡到成交行为,大大提高了销售的效率。例如,销售人员可以直接向准备采购的配件中间商提出:“您需要的别克车用的冷却液温度传感器,现在提 50 个可以吗?”

(6)优惠成交法。销售人员通过向顾客提供进一步的优惠条件而促成交易。这种方式利用了顾客的求利愿望,可以起到吸引大顾客、扩大产品影响、加快交易达成和加快资金回笼的作用。例如,销售人员可以说:“如果您订下了这批主减速器,我们将给您打八折的优惠价。”但是长期用这种方法势必会助长顾客对优惠条件的更进一步要求,造成恶性循环。所以,在应用此方法时,销售人员每承诺一个优惠条件,也应该适当地要求顾客相对做一些让步。

(7)保证成交法。保证成交法就是消除顾客担心风险的心理以促成交易。销售人员提供种种保证,如主动提出“免费送货上门”,免除顾客运货的担忧;提出“配件出现问题可以包退包换”,对方对产品质量的担忧;提出“三年之内免费维护”,可以使顾客消除在使用过程中的忧虑。但在应用保证成交法时,应充分考虑到不同配件产品本身的特点以及结构性质量上的差异性,在作保证的时候要认真,注重诚信,一经保证就要负责任,决不能仅仅为了达成交易而向顾客随意作口头上的保证。

(8)利益汇总成交法

销售人员经过努力,采用各种方法将配件的特性和优点展现给顾客之后,顾客可能当时并没有在意,到了一定时间,销售人员要有意识地将顾客可以获得的认可利益进行汇总,并扼要地再次提醒顾客,加深顾客对利益的认可,并提出要求达成交易。

## 三、汽车配件销售流程

汽车配件销售流程包括三个不同的对象:对外零售、维修部取件和批发三种。每个对象流程又分为四个部分:接待、查询有关信息、开库存取货单、办理交货手续。

1. 对外零售工作流程(见图 6-13)

(1)接待客户。接待客户要注意态度热情,服务周到;能够根据客户的要求为客户分析配件的价格、质量、使用等因素。努力做到使客户感觉到购买的不仅是配件,更获得优质的服务。

(2)查询有关信息。根据客户的描述或带来的废旧的配件,通过配件手册或电脑光盘查询出所需的零件的编号、库存情况和价格等。

(3)开配件取货单。客户决定购买后,则由营业员开出取货单并签字后,交由仓务员到仓库取件,仓务员提取配件后在取货单上签字,交由营业员和客户确认。

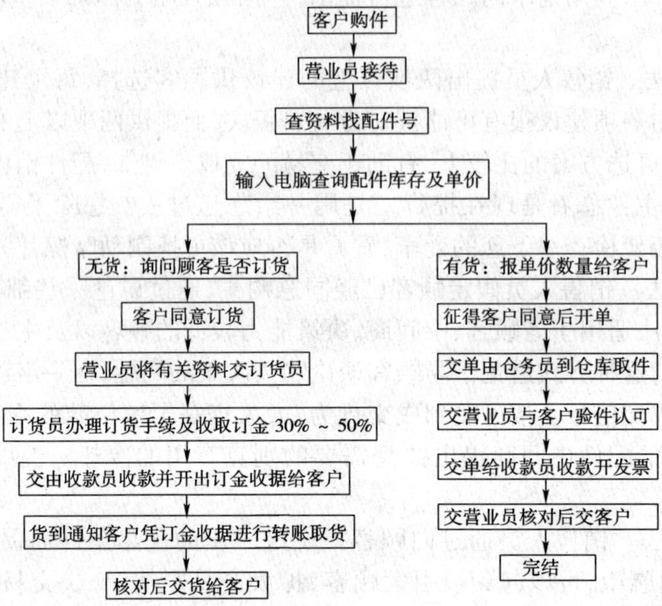


图6-13　对外零售工作流程

(4)办理交货手续。营业员在客户确定要货后,开出销售凭单。

(5)其他。当库存无货,则需要订货时,一般情况下预收30% ~50%的订金。在订货过程中要信守诺言,保证交货的时间。若确定有不可抗拒的原因而导致交货延迟,一定要及时通知客户并取得谅解。

2. 汽车配件取货流程

汽车配件的取货流程详见表6-4所示。

表6-4

深圳××汽车服务有限公司

配件取货单(修理部)

操 作 卡＿＿＿＿＿＿

车　　牌＿＿＿＿＿＿　　　　发票凭单＿＿＿＿＿＿

单　　位＿＿＿＿＿＿　　　　开单日期　　年　　月　　日

| 数量 | 车系 | 零件编号 | 配件名称 | 仓位 | 单价 | 提货数量 | 金额 |
|---|---|---|---|---|---|---|---|
| | | | | | | | |
| | | | | | | | |
| | | | | | | | |

营业员＿＿＿＿　　仓务员＿＿＿＿　　领料＿＿＿＿　　合计金额＿＿＿＿

3. 维修部取件工作流程

汽车配件维修部取件(领料)的工作流程如图6-14所示。

4. 批发销售工作流程

汽车配件批发销售工作流程如图6-15所示。

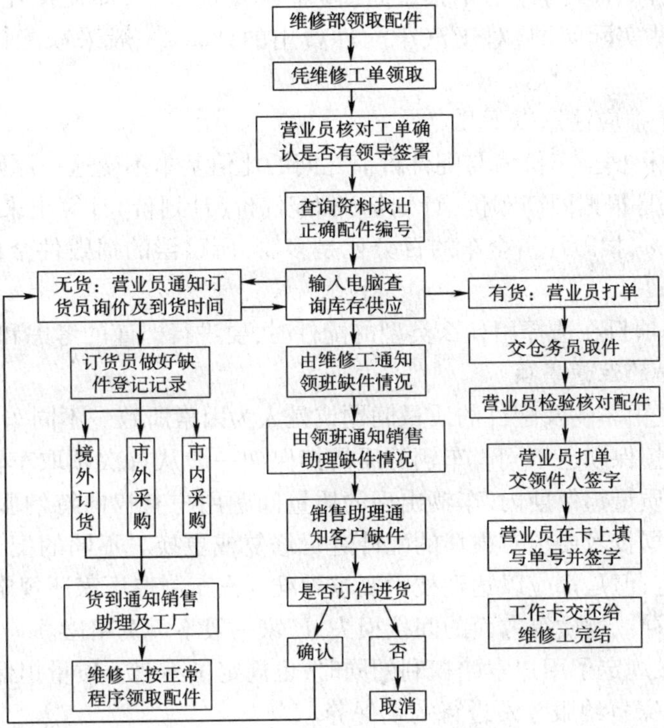

图6-14　汽车配件维修部取件工作流程

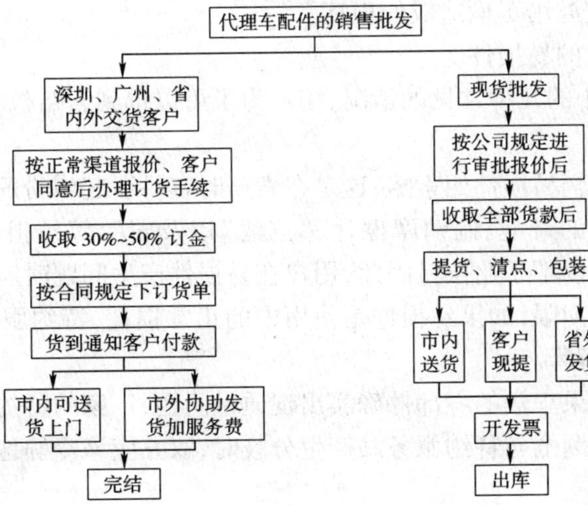

图6-15　汽车配件批发销售工作流程

## 四、汽车配件索赔

1. 汽车配件理赔定损原则

近年来，由于汽车整车价格以及配件的销售价格不稳定，特别是进口汽车的整车价格和配件价格不统一，且变化幅度很大，因此，承保金额也不一致。这样，就给保险汽车出险后的定损、理赔工作带来了很大困难。另外，由于没有统一的配件价格标准，理赔人员在定损时的尺度很难掌握，有时同样的车损，但保险金额差别很大，即使按比例赔偿，其差别也较大。为了解决这些实际问题，对于汽车配件费用的计算，一般采取配件价值占全车价值的比例进行计算。

汽车配件理赔定损应注意以下几点：

(1)百分比率是根据全车价值与配件价值之间的比值基本不变这一原则设定的。

(2)百分比率表是根据同期车价(计划价)和配件价(计划价)计算出来的。

(3)全车为100%，损毁件占全车的百分比是多少，所赔偿的损毁件金额占全车保险金额的百分比就是多少。

(4)不同的维修项目在选择用什么类型的配件时，要进行严谨的考虑和合适的判断。

2. 汽车配件索赔的注意事项

索赔纠纷大多是由车辆及配件的质量问题或是人为因素所致。不同车型的质量担保期不同，不同配件的质量担保期也不同。车辆的质量担保期一般从首次领取车辆行驶证或开具购车发票之日开始，在质量担保期内，车辆出现的质量问题用户有权向特约服务站提出索赔，服务站进行确认后，根据技术要求对损坏的配件进行修复或更换。不同的配件是进行修复还是更换有着不同的规定，但是都应以达到技术要求为准。汽车制造厂家还规定，由于车辆索赔造成的用户在时间、精神或物质等方面的间接损失，厂家一般不负责赔偿。

汽车制造厂家在规定了用户索赔权利的同时，也规定了不属于质量担保范围的情况：

(1)车辆未在厂家特约服务站进行定期保养。

(2)车辆安装了未经汽车生产厂家许可使用的配件，或车辆进行了未经汽车生产厂家许可的改装。

(3)由于使用不当或滥用车辆造成的损坏。

(4)属正常磨损情况的易损件。

以上只是厂家规定中的几种常见的情况，用户为了可以得到索赔权利，应当按照使用说明书中的规定使用车辆。

在此，要特别提出车辆易损件的索赔，这是在索赔时容易引起纠纷的情况。按照一些汽车制造厂商的规定，车辆上的灯泡、制动摩擦片、“三滤”以及轮胎等易损件的质量担保期都很短，而且在正常损耗范围内不予赔偿。因此，用户在易损件产生问题时应该及时到特约服务站进行检查，以免超过索赔期限；如果易损件是使用中的正常损耗，特约服务站应该对不能给予赔偿的规定给予说明和解释。

在质量担保期内，如果车辆的零部件确实出现质量问题，厂家的特约服务站一般都会给予索赔，用户一旦在索赔问题上与特约服务站产生分歧时，双方应该冷静地协商解决。

## 知识能力训练

**一、填空题**

(1)汽车零件的流通等级是指____________________________，根据汽车零件寿命周期长短可以把它们分为________、中流件、________三大类。

(2)对于易吸潮生锈的配件，除应保持仓库地面干燥外，还应在配件堆垛的底层设置离地面至少有________ cm空隙的架空地板，使空气得以流通。

(3)汽车配件零售企业的进货方式一般有以下四种类型：__________、__________、__________和__________。

(4)一般来说，把年销售量在__________件的零件作为快流件，把年销售量在__________件的零件作为中流件，而把年销售量在__________件的零件作为慢流件。

(5)根据配件用途将汽车配件订货分为__________、客户订购件和__________三类。

**二、问答题**

(1)汽车配件经营管理模式有哪几种？试用图示表示出来。

(2)影响零件流通级别的因素有哪些？

(3)什么样的配件可作为库存件？

(4)配件仓库管理工作的基本要求有哪些？

(5)用简单技术手段鉴别汽车配件的方法有哪些？

(6)汽车配件达成交易的常用方法有哪些？

(7)汽车配件零售企业的进货方式一般有哪四种类型？

(8)汽车配件的入库程序包括那几个环节？

(9)验收作业的程序一般有哪些？

(10)仓位编号是怎样的？

(11)仓库保管七原则是什么？

(12)简述汽车配件的理赔定损原则。

# 附录 任务工单

<table>
<tr><td>学习情境一</td><td colspan="3">汽车市场营销</td><td>班级</td><td></td></tr>
<tr><td>学时</td><td>4</td><td>实训场地</td><td></td><td>学生姓名</td><td></td></tr>
<tr><td rowspan="2">实训设备</td><td colspan="3" rowspan="2">投影仪一台,电脑一台,整车模型</td><td>学生学号</td><td></td></tr>
<tr><td>组别</td><td></td></tr>
<tr><td>任务描述</td><td colspan="5">随着我国市场经济的发展,各行各业越来越重视市场营销的作用,汽车企业的产品也需通过一定的市场营销渠道,才能供应给广大消费者和用户,从而满足市场的需求,实现企业的市场营销目标。怎样进行市场营销?这就是重点。故通过学习要求在掌握一定理论知识的前提下,按照工作过程的完整性和连贯性要求(资讯→决策→计划→实施→检查→评价),逐步养成就业岗位的隐性工作方法(专业能力之外的方法,诸如协调、沟通、表达等),最终完成工单。<br>1. 学习与工作要求<br>(1)通过教师的引导和自学、查找资料等方式,了解市场营销对企业的影响;<br>(2)以小组协作形式完成市场营销的策划。<br>2. 已具备资料<br>(1)汽车营销基础、市场营销;<br>(2)学生手册;<br>(3)汽车营销 PPT。</td></tr>
</table>

**【资　　讯】**

填空题:

1. 市场的三要素是指__________、__________和__________。

2. 市场营销的核心是__________。

3. 市场营销观念的演变与发展,可归纳为五种,即__________、产品观念、__________、市场营销观念和__________。

4. 汽车市场主要分货车和客车两大类,货车分__________、__________、__________和__________;客车分为大型、中型、轻型、微型车和轿车。

5. 汽车产品价格形成三要素:__________、__________、税金。

6. 营销四大类要素指的是:__________、__________、__________和__________。

7. 市场营销的组合指____________________________________________________________。

8. 市场营销组合应用的一般原则有:__________、__________、__________和__________。

9. 汽车企业营销计划工作是指:____________________________________________________。

10. 汽车企业营销计划可分为两大类:____________________和____________________。

11. 战略性营销计划的主要内容包括:______________和______________和______________。

12. 营销中的五个重要概念即需要、__________;产品;______________;交换、交易的关系;市场。

13. 营销市场规模预测的__________、非价格因素和______________。

14. 市场营销计划的编制包括:__________、__________、选择目标市场、制订营销组合策略。

15. 营销工作实施的四个阶段:__________、__________、检查与控制、__________。

问答题：

1. 什么是市场和市场营销？两者有什么关系？

2. 汽车市场可以分为哪几类？

3. 什么是4Cs营销组合？什么是4V组合？

4. 试分析下列图表示的含义。

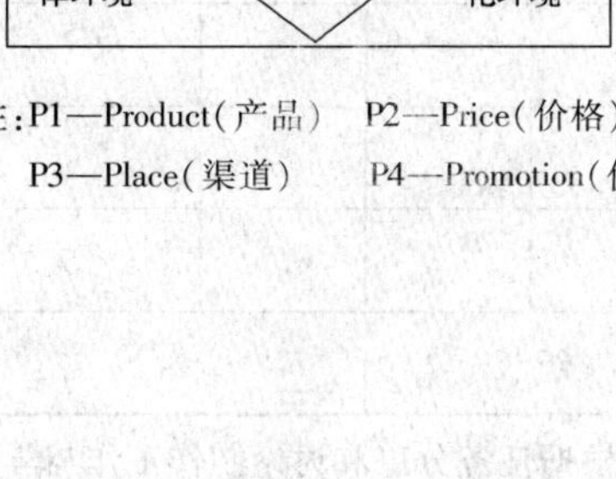


注：P1—Product（产品）　P2—Price（价格）
P3—Place（渠道）　P4—Promotion（促销）

**【决策与计划】**

集中授课,完成相关的市场营销组合形式知识要点;列出完成工作任务可参考的资料,并对小组成员进行合理分工,制订详细的计划。

1. 分小组讨论,各小组成员对任务进行分析讨论,并阐述各自的思路和方案。

**工作与学习任务决策单**

<table>
<tr><td>学习领域</td><td colspan="2"></td><td>班级</td><td></td></tr>
<tr><td>学习情境</td><td colspan="2"></td><td>姓名</td><td></td></tr>
<tr><td rowspan="2">完成任务<br>思考方案</td><td colspan="4"></td></tr>
<tr><td>填写时间</td><td colspan="3"></td></tr>
</table>

2. 小组成员分工,根据讨论情况落实小组成员任务;

**工作与学习任务分配单**

<table>
<tr><td colspan="2">学习领域</td><td colspan="2"></td><td>班级</td><td></td></tr>
<tr><td colspan="2">学习情境</td><td colspan="2"></td><td>学时</td><td></td></tr>
<tr><td>序号</td><td>姓名</td><td>性别</td><td colspan="2">分配任务内容</td><td>备注</td></tr>
<tr><td></td><td></td><td></td><td colspan="2"></td><td></td></tr>
<tr><td></td><td></td><td></td><td colspan="2"></td><td></td></tr>
<tr><td></td><td></td><td></td><td colspan="2"></td><td></td></tr>
<tr><td></td><td></td><td></td><td colspan="2"></td><td></td></tr>
<tr><td></td><td></td><td></td><td colspan="2"></td><td></td></tr>
<tr><td></td><td></td><td></td><td colspan="2"></td><td></td></tr>
<tr><td></td><td></td><td></td><td colspan="2"></td><td></td></tr>
<tr><td></td><td></td><td></td><td colspan="2"></td><td></td></tr>
<tr><td></td><td></td><td></td><td colspan="2"></td><td></td></tr>
<tr><td colspan="2">组长</td><td colspan="2"></td><td>日期</td><td></td></tr>
</table>

3. 根据任务分工和讨论制作工作与学习计划表,并交教师指导修改后定稿(每小组一张,见附表1-1)。

## 【实　　施】

1. 汽车企业营销计划的制订内容有哪些？

2. 汽车营销计划应掌握哪三条原则？

3. 企业营销战略规划的概念与意义是什么？

4. 市场营销者分为哪四类？

## 【检　　查】

课程讲解后，进行如下检查：

1. 能否为某汽车企业制订市场营销战略和方法？请简单描述。

2. 是否了解市场调查的重要性？

3. 工作学习中遇到的问题及解决问题的方法是什么？

4. 填写工作任务自查单（附表 1-2）。

## 【评　　价】

1. 请根据自己任务完成的情况,对自己的工作进行自我评估,并提出改进意见。

2. 教师对小组工作情况进行评估,并进行点评。

3. 填写工作任务自查单(附表1-3)

**工作与学习计划单** 附表 1-1

| | | | | | |
|---|---|---|---|---|---|
| 学习领域 | | | | 班级 | |
| 学习情境 | | | | 组别 | |
| | 序号 | 实施内容 | 工具 | 时间 | 备注 |
| | | | | | |
| | | | | | |
| | | | | | |
| | | | | | |
| | | | | | |
| | | | | | |
| | | | | | |
| | | | | | |
| 实施步骤 | | | | | |
| | | | | | |
| | | | | | |
| | | | | | |
| | | | | | |
| | | | | | |
| | | | | | |
| | | | | | |
| | | | | | |
| 实施计划其他说明 | | | | | |

| | | | | | | | |
|---|---|---|---|---|---|---|---|
| 组长 | | 日期 | | 指导教师 | | 日期 | |

**工作任务自查单** 附表1-2

<table>
<tr><td colspan="2" rowspan="2">工作任务自查单</td><td>学习领域</td><td colspan="3"></td></tr>
<tr><td>学习情境</td><td colspan="3"></td></tr>
<tr><td>班级</td><td></td><td>姓名</td><td></td><td>组别</td><td></td></tr>
<tr><td colspan="4">检查内容</td><td>是</td><td>否</td></tr>
<tr><td rowspan="3">咨询</td><td colspan="3">1. 正确进行信息采集</td><td>□</td><td>□</td></tr>
<tr><td colspan="3">2. 正确进行技术分析</td><td>□</td><td>□</td></tr>
<tr><td colspan="3">3. 正确进行标准规范</td><td>□</td><td>□</td></tr>
<tr><td rowspan="4">决策计划</td><td colspan="3">4. 计划合理</td><td>□</td><td>□</td></tr>
<tr><td colspan="3">5. 具备成本意识</td><td>□</td><td>□</td></tr>
<tr><td colspan="3">6. 正确进行分工规划</td><td>□</td><td>□</td></tr>
<tr><td colspan="3">7. 工作计划有特色</td><td>□</td><td>□</td></tr>
<tr><td rowspan="3">实施</td><td colspan="3">8. 工作态度端正</td><td>□</td><td>□</td></tr>
<tr><td colspan="3">9. 具备协作精神</td><td>□</td><td>□</td></tr>
<tr><td colspan="3">10. 找到工作要点并正确解决问题，强调工作质量</td><td>□</td><td>□</td></tr>
<tr><td colspan="6">请简练描述本项目的工作过程：</td></tr>
<tr><td colspan="6">教师审核：<br><br>教师签名：<br>年 月 日</td></tr>
</table>

工作任务评价单 附表 1-3

| 工作任务评价单 | 学习领域 | | | | |
|---|---|---|---|---|---|
| | 学习情境 | | | | |
| | 姓名 | | | | |
| | 总分 | | | | |
| 评分内容 | | 标准分值 | 自我评价（20%） | 小组评价（30%） | 教师评价（50%） |
| 计划： | | | | | |
| 是否制订了行动方案 | | 5 | | | |
| 行动方案是否合理 | | 10 | | | |
| 决策计划： | | | | | |
| 是否确定了问题和解决问题方案 | | 5 | | | |
| 是否考虑了安全和劳动保护措施 | | 5 | | | |
| 是否考虑了环保因素 | | 5 | | | |
| 实施： | | | | | |
| 设计步骤是否正确 | | 10 | | | |
| 是否设计规范 | | 10 | | | |
| 是否独立完成 | | 5 | | | |
| 是否在规定的时间内完成 | | 10 | | | |
| 检查： | | | | | |
| 检查方法是否正确 | | 5 | | | |
| 是否能如实填报检查单 | | 5 | | | |
| PPT 汇报是否清楚明白 | | 5 | | | |
| 评价： | | | | | |
| 描述本项目的优点： | | 5 | | | |
| 有待改进之处： | | 5 | | | |
| 改进方法： | | 5 | | | |
| 总分 | | 100 | | | |
| 教师评语： | | | | | |

<table>
<tr><td>学习情境二</td><td colspan="3">汽车市场调查与预测</td><td>班级</td><td></td></tr>
<tr><td>学时</td><td>4</td><td>实训场地</td><td></td><td>学生姓名</td><td></td></tr>
<tr><td rowspan="2">实训设备</td><td colspan="3" rowspan="2">投影仪 1 台,电脑 1 台,打印机、计算器、纸张若干,笔</td><td>学生学号</td><td></td></tr>
<tr><td>组别</td><td></td></tr>
<tr><td>任务描述</td><td colspan="5">汽车市场调查可以帮助企业了解汽车市场营销环境状况及未来的发展趋势,可以使企业进行自我定位,预测未来的经济走向。因此,认真、科学地开展好市场调查对于企业的发展有着重要的作用。运用科学的方法和逻辑推理进行市场预测,对未来发展趋势进行估计和推测,定性和定量估计汽车市场的前景。怎样进行市场调查?采用的方法有哪些?通过学习,要求在掌握一定理论知识的前提下,按照工作过程的完整性和连贯性要求(资讯→决策→计划→实施→检查→评价),逐步养成就业岗位的隐性工作方法(专业能力之外的方法,诸如协调、沟通、表达等),最终完成工单。<br>1. 学习与工作要求<br>(1)通过教师的引导和自学、查找资料等方式,了解市场调查的作用和方法;<br>(2)以小组协作形式完成给定任务。<br>2. 已具备资料<br>(1)汽车营销基础、市场营销;<br>(2)学生手册;<br>(3)市场调查 PPT。</td></tr>
</table>

**【资　　讯】**

选择题:

1. 在汽车市场调查的基础上,运用预测理论与方法,对汽车市场未来发展趋势作出估计与测算,为汽车企业决策提供依据的过程是指(　　)。

A. 汽车市场调查　　B. 问卷调查

C. 汽车文案调查　　D. 汽车市场预测

2. 对汽车文案调查的优点,以下描述正确的是(　　)。

A. 对调查者能力要求低　　B. 可以掌握所需的全部文献资料

C. 具有直观感、现实感　　D. 查找方便,外界干扰少

3. 调查者在现场对被调查者的情况直接进行观察、记录,以取得市场信息资料的方法是指(　　)。

A. 访问法　　B. 观察法　　C. 实验法　　D. 预测法

填空题:

1. 汽车市场调查的__________是对调查工作各个方面和全部过程的通盘考虑,包括了调查工作过程的全部内容。

2. 提高汽车市场预测精度的关键和重要途径之一是__________。

3. 汽车市场调查就是指对汽车用户及其购买力、__________、购买习惯、__________________等方面进行全部或局部的了解。

4. 获得二手资料的调查研究方法是指__________调查法。

5. 在抽样调查时,采用一定的方法抽取具有代表性的样本,以及各种抽样操作技巧和工作程序的总称为__________。

6. 一般调查问卷的问句有两个基本部分组成:问句的__________和问句的反应模式。

7. 调查问卷的构成有__________、__________、__________和__________四种。

**【决策与计划】**

集中授课，完成相关的知识要点；列出完成工作任务可参考的资料，并对小组成员进行合理分工，制订详细的计划。

1. 分小组讨论，各小组成员对任务进行分析讨论，并阐述各自的思路和方案；

**工作与学习任务决策单**

| | | | |
|---|---|---|---|
| 学习领域 | | 班级 | |
| 学习情境 | | 姓名 | |
| 完成任务思考方案 | | | |
| | 填写时间 | | |

2. 小组成员分工，根据讨论情况落实小组成员任务；

**工作与学习任务分配单**

| | | | | |
|---|---|---|---|---|
| 学习领域 | | | 班级 | |
| 学习情境 | | | 学时 | |
| 序号 | 姓名 | 性别 | 分配任务内容 | 备注 |
| | | | | |
| | | | | |
| | | | | |
| | | | | |
| | | | | |
| | | | | |
| | | | | |
| | | | | |
| | | | | |
| 组长 | | | 日期 | |

3. 根据任务分工和讨论制作工作与学习计划表，并交教师指导修改后定稿（每小组一张，见附表 2-1）。

## 【实　施】

1. 汽车市场调查的主要内容有什么？

2. 汽车市场调查对于汽车销售企业有什么意义？

3. 市场调查方法中的问卷法可分为哪几种？

4. 什么是市场预测？有哪些特点？市场预测的基本步骤有哪些？

5. 简述汽车市场预测的基本程序。

6. 简述从汽车企业的角度进行的市场预测应包括的内容。

## 【检　　查】

课程讲解后,进行如下检查:

1. 能否制订市场调查报告？简单描述。

2. 是否了解市场预测的重要性?

3. 工作学习中遇到的问题及解决问题的方法是什么?

4. 填写工作任务自查单(附表 2-2)。

## 【评　　价】

1. 请根据自己任务完成的情况,对自己的工作进行自我评估,并提出改进意见。

2. 教师对小组工作情况进行评估,并进行点评。

3. 填写工作任务自查单(附表 2-3)。

工作与学习计划单　　附表 2-1

<table>
<tr><td colspan="2">学习领域</td><td colspan="2"></td><td>班级</td><td></td></tr>
<tr><td colspan="2">学习情境</td><td colspan="2"></td><td>组别</td><td></td></tr>
<tr><td rowspan="18">实施<br>步骤</td><td>序号</td><td>实施内容</td><td>工具</td><td>时间</td><td>备注</td></tr>
<tr><td></td><td></td><td></td><td></td><td></td></tr>
<tr><td></td><td></td><td></td><td></td><td></td></tr>
<tr><td></td><td></td><td></td><td></td><td></td></tr>
<tr><td></td><td></td><td></td><td></td><td></td></tr>
<tr><td></td><td></td><td></td><td></td><td></td></tr>
<tr><td></td><td></td><td></td><td></td><td></td></tr>
<tr><td></td><td></td><td></td><td></td><td></td></tr>
<tr><td></td><td></td><td></td><td></td><td></td></tr>
<tr><td></td><td></td><td></td><td></td><td></td></tr>
<tr><td></td><td></td><td></td><td></td><td></td></tr>
<tr><td></td><td></td><td></td><td></td><td></td></tr>
<tr><td></td><td></td><td></td><td></td><td></td></tr>
<tr><td></td><td></td><td></td><td></td><td></td></tr>
<tr><td></td><td></td><td></td><td></td><td></td></tr>
<tr><td></td><td></td><td></td><td></td><td></td></tr>
<tr><td></td><td></td><td></td><td></td><td></td></tr>
<tr><td></td><td></td><td></td><td></td><td></td></tr>
<tr><td colspan="2">实施计划<br>其他说明</td><td colspan="4"></td></tr>
</table>

| 组长 | | 日期 | | 指导教师 | | 日期 | |
|---|---|---|---|---|---|---|---|

**工作任务自查单** 附表 2-2

<table>
<tr><td colspan="2" rowspan="2">工作任务自查单</td><td>学习领域</td><td colspan="3"></td></tr>
<tr><td>学习情境</td><td colspan="3"></td></tr>
<tr><td>班级</td><td></td><td>姓名</td><td></td><td>组别</td><td></td></tr>
<tr><td colspan="4">检查内容</td><td>是</td><td>否</td></tr>
<tr><td rowspan="3">咨询</td><td colspan="3">1. 正确进行信息采集</td><td>□</td><td>□</td></tr>
<tr><td colspan="3">2. 正确进行技术分析</td><td>□</td><td>□</td></tr>
<tr><td colspan="3">3. 正确进行标准规范</td><td>□</td><td>□</td></tr>
<tr><td rowspan="4">决策计划</td><td colspan="3">4. 计划合理</td><td>□</td><td>□</td></tr>
<tr><td colspan="3">5. 具备成本意识</td><td>□</td><td>□</td></tr>
<tr><td colspan="3">6. 正确进行分工规划</td><td>□</td><td>□</td></tr>
<tr><td colspan="3">7. 工作计划有特色</td><td>□</td><td>□</td></tr>
<tr><td rowspan="5">实施</td><td colspan="3">8. 工作态度端正</td><td>□</td><td>□</td></tr>
<tr><td colspan="3">9. 具备协作精神</td><td>□</td><td>□</td></tr>
<tr><td colspan="3">10. 找到故障点并正确解决问题,强调工作质量</td><td>□</td><td>□</td></tr>
<tr><td colspan="3">11. 具备安全意识,操作规范</td><td>□</td><td>□</td></tr>
<tr><td colspan="3">12. 正确使用工具、仪器、设备</td><td>□</td><td>□</td></tr>
<tr><td colspan="6">请简练描述你本项目的工作过程:</td></tr>
<tr><td colspan="6">教师审核:<br><br>教师签名:<br>年 月 日</td></tr>
</table>

**工作任务评价单**　　　　附表 2-3

| | | |
|---|---|---|
| 工作任务评价单 | 学习领域 | |
| | 学习情境 | |
| | 姓名 | |
| | 总分 | |

| 评分内容 | 标准分值 | 自我评价（20%） | 小组评价（30%） | 教师评价（50%） |
|---|---|---|---|---|
| 计划： | | | | |
| 是否制订了行动方案 | 5 | | | |
| 行动方案是否合理 | 10 | | | |
| 决策计划： | | | | |
| 是否确定了问题和解决问题方案 | 5 | | | |
| 是否考虑了安全和劳动保护措施 | 5 | | | |
| 是否考虑了环保因素 | 5 | | | |
| 实施： | | | | |
| 设计步骤是否正确 | 10 | | | |
| 是否设计规范 | 10 | | | |
| 是否独立完成 | 5 | | | |
| 是否在规定的时间内完成 | 10 | | | |
| 检查： | | | | |
| 检查方法是否正确 | 5 | | | |
| 是否能如实填报检查单 | 5 | | | |
| PPT 汇报是否清楚明白 | 5 | | | |
| 评价： | | | | |
| 描述本项目的优点： | 5 | | | |
| 有待改进之处： | 5 | | | |
| 改进方法： | 5 | | | |
| 总分 | 100 | | | |
| 教师评语： | | | | |

<table>
<tr><td>学习情境三</td><td colspan="3">汽车销售技术</td><td>班级</td><td></td></tr>
<tr><td>学时</td><td>6</td><td>实训场地</td><td></td><td>学生姓名</td><td></td></tr>
<tr><td rowspan="2">实训设备</td><td rowspan="2" colspan="3">投影仪1台，电脑1台，整车模型4台、汽车销售PPT、宣传彩页若干、礼仪培训教学片</td><td>学生学号</td><td></td></tr>
<tr><td>组别</td><td></td></tr>
<tr><td>任务描述</td><td colspan="5">随着我国汽车消费的发展，汽车销售人员成为汽车销售企业核心人力资源，销售员岗位成为企业核心岗位，汽车销售技术的掌握直接影响着企业的发展前景。如何才能成为合格的销售人并掌握相关的汽车销售技术呢？通过学习，要求在掌握一定理论知识的前提下，按照工作过程的完整性和连贯性要求（资讯→决策→计划→实施→检查→评价），逐步养成就业岗位的隐性工作方法（专业能力之外的方法，诸如协调、沟通、表达等），最终完成工单。<br>1. 学习与工作要求<br>（1）通过教师的引导和自学、查找资料等方式，掌握汽车销售技术的分析与运用方法。<br>2. 已具备资料<br>（1）汽车营销基础；<br>（2）学生手册；<br>（3）汽车营销基础PPT。</td></tr>
</table>

**【资　　讯】**

填空题：

1. 销售的五要素：__________、销售主体、__________、销售手段、__________。
2. 销售工作的特性有：__________、__________、__________和__________、__________。
3. 销售的概念：____________________________________________________________。
4. 影响汽车私人消费市场购买行为的主要因素包括__________、社会因素、__________、心理因素。
5. 文化因素包括__________、__________和__________。
6. 参照群体是指____________________________________________________________。

问答题：

1. 销售的含义是什么？

2. 汽车产品知识的准备有哪些？

3. 消费者的购买行为是指哪些？

4. 客户异议处理技巧有哪些？

5. 什么叫客户异议？客户产生异议的主要原因有哪些？

**【决策与计划】**

集中授课,完成相关的知识要点;列出完成工作任务可参考的资料,并对小组成员进行合理分工,制订详细的计划。

1. 分小组讨论,各小组成员对任务进行分析讨论,并阐述各自的思路和方案;

**工作与学习任务决策单**

| | | | |
|---|---|---|---|
| 学习领域 | | 班级 | |
| 学习情境 | | 姓名 | |
| 完成任务<br>思考方案 | | | |
| | 填写时间 | | |

2. 小组成员分工,根据讨论情况落实小组成员任务;

**工作与学习任务分配单**

| | | | | |
|---|---|---|---|---|
| 学习领域 | | | 班级 | |
| 学习情境 | | | 学时 | |
| 序号 | 姓名 | 性别 | 分配任务内容 | 备注 |
| | | | | |
| | | | | |
| | | | | |
| | | | | |
| | | | | |
| | | | | |
| | | | | |
| | | | | |
| | | | | |
| 组长 | | 日期 | | |

3. 根据任务分工和讨论制作工作与学习计划表,并交教师指导修改后定稿(每小组一张,见附表 3-1)。

## 【实　施】

1. 根据需要,制订一份客户资料统计表。

2. 汽车销售中车辆展示的目的是什么?

3. 车辆展示的常用方法有哪些?

**【检　　查】**

课程讲解后，进行如下检查：

1. 能否制作客户资料统计表？能否进行汽车销售流程设计？

2. 是否了解车展的重要性？

3. 工作学习中遇到的问题及解决问题的方法是什么？

4. 填写工作任务自查单(附表 3-2)。

**【评　　价】**

1. 请根据自己任务完成的情况，对自己的工作进行自我评估，并提出改进意见。

2. 教师对小组工作情况进行评估，并进行点评。

3. 填写工作任务自查单(附表 3-3)

**工作与学习计划单** 附表 3-1

<table>
<tr><td colspan="2">学习领域</td><td colspan="2"></td><td>班级</td><td></td></tr>
<tr><td colspan="2">学习情境</td><td colspan="2"></td><td>组别</td><td></td></tr>
<tr><td rowspan="18">实施步骤</td><td>序号</td><td>实施内容</td><td>工具</td><td>时间</td><td>备注</td></tr>
<tr><td></td><td></td><td></td><td></td><td></td></tr>
<tr><td></td><td></td><td></td><td></td><td></td></tr>
<tr><td></td><td></td><td></td><td></td><td></td></tr>
<tr><td></td><td></td><td></td><td></td><td></td></tr>
<tr><td></td><td></td><td></td><td></td><td></td></tr>
<tr><td></td><td></td><td></td><td></td><td></td></tr>
<tr><td></td><td></td><td></td><td></td><td></td></tr>
<tr><td></td><td></td><td></td><td></td><td></td></tr>
<tr><td></td><td></td><td></td><td></td><td></td></tr>
<tr><td></td><td></td><td></td><td></td><td></td></tr>
<tr><td></td><td></td><td></td><td></td><td></td></tr>
<tr><td></td><td></td><td></td><td></td><td></td></tr>
<tr><td></td><td></td><td></td><td></td><td></td></tr>
<tr><td></td><td></td><td></td><td></td><td></td></tr>
<tr><td></td><td></td><td></td><td></td><td></td></tr>
<tr><td></td><td></td><td></td><td></td><td></td></tr>
<tr><td></td><td></td><td></td><td></td><td></td></tr>
<tr><td>实施计划<br>其他说明</td><td colspan="5"></td></tr>
</table>

| 组长 | | 日期 | | 指导教师 | | 日期 | |
|---|---|---|---|---|---|---|---|

工作任务自查单　　　　附表 3-2

<table>
<tr><td colspan="2" rowspan="2">工作任务自查单</td><td>学习领域</td><td colspan="3"></td></tr>
<tr><td>学习情境</td><td colspan="3"></td></tr>
<tr><td>班级</td><td></td><td>姓名</td><td></td><td>组别</td><td></td></tr>
<tr><td colspan="4">检查内容</td><td>是</td><td>否</td></tr>
<tr><td rowspan="3">咨询</td><td colspan="3">1. 正确进行信息采集</td><td>□</td><td>□</td></tr>
<tr><td colspan="3">2. 正确进行技术分析</td><td>□</td><td>□</td></tr>
<tr><td colspan="3">3. 正确进行标准规范</td><td>□</td><td>□</td></tr>
<tr><td rowspan="4">决策计划</td><td colspan="3">4. 计划合理</td><td>□</td><td>□</td></tr>
<tr><td colspan="3">5. 具备成本意识</td><td>□</td><td>□</td></tr>
<tr><td colspan="3">6. 正确进行分工规划</td><td>□</td><td>□</td></tr>
<tr><td colspan="3">7. 工作计划有特色</td><td>□</td><td>□</td></tr>
<tr><td rowspan="5">实施</td><td colspan="3">8. 工作态度端正</td><td>□</td><td>□</td></tr>
<tr><td colspan="3">9. 具备协作精神</td><td>□</td><td>□</td></tr>
<tr><td colspan="3">10. 找到故障点并正确解决问题，强调工作质量</td><td>□</td><td>□</td></tr>
<tr><td colspan="3">11. 具备安全意识，操作规范</td><td>□</td><td>□</td></tr>
<tr><td colspan="3">12. 正确使用工具、仪器、设备</td><td>□</td><td>□</td></tr>
<tr><td colspan="6">请简练描述本项目的工作过程：</td></tr>
<tr><td colspan="6">教师审核：<br><br>教师签名：<br>年　月　日</td></tr>
</table>

**工作任务评价单** 附表3-3

| 工作任务评价单 | 学习领域 | |
|---|---|---|
| | 学习情境 | |
| | 姓名 | |
| | 总分 | |

| 评分内容 | 标准分值 | 自我评价（20%） | 小组评价（30%） | 教师评价（50%） |
|---|---|---|---|---|
| 计划： | | | | |
| 是否制订了行动方案 | 5 | | | |
| 行动方案是否合理 | 10 | | | |
| 决策计划： | | | | |
| 是否确定了问题和解决问题方案 | 5 | | | |
| 是否考虑了安全和劳动保护措施 | 5 | | | |
| 是否考虑了环保因素 | 5 | | | |
| 实施： | | | | |
| 设计步骤是否正确 | 10 | | | |
| 是否设计规范 | 10 | | | |
| 是否独立完成 | 5 | | | |
| 是否在规定的时间内完成 | 10 | | | |
| 检查： | | | | |
| 检查方法是否正确 | 5 | | | |
| 是否能如实填报检查单 | 5 | | | |
| PPT汇报是否清楚明白 | 5 | | | |
| 评价： | | | | |
| 描述本项目的优点： | 5 | | | |
| 有待改进之处： | 5 | | | |
| 改进方法： | 5 | | | |
| 总分 | 100 | | | |
| 教师评语： | | | | |

<table>
<tr><td>学习情境四</td><td colspan="3">汽车配件营销服务</td><td>班级</td><td></td></tr>
<tr><td>学时</td><td>4</td><td>实训场地</td><td></td><td>学生姓名</td><td></td></tr>
<tr><td rowspan="2">实训设备</td><td colspan="3" rowspan="2">投影仪 1 台,电脑 1 台</td><td>学生学号</td><td></td></tr>
<tr><td>组别</td><td></td></tr>
<tr><td>任务描述</td><td colspan="5">汽车配件营销成为新兴职业,汽车配件的质量直接影响着汽车的安全、环保、动力和经济性能。随着汽车配件市场的需求量的增大,汽车配件的市场竞争也异常激烈,因此对汽车配件营销的要求也有所提高。通过学习,要求在掌握一定理论知识的前提下,按照工作过程的完整性和连贯性要求(资讯→决策→计划→实施→检查→评价),逐步养成就业岗位的隐性工作方法(专业能力之外的方法,诸如协调、沟通、表达等),最终完成任务工单。<br>1. 学习与工作要求<br>通过教师的引导和自学、查找资料等方式,了解并掌握本章节内容。<br>2. 已具备资料<br>(1)汽车配件品种分析书;<br>(2)学生手册;<br>(3)汽车配件 PPT。</td></tr>
</table>

**【资　　讯】**

问答题:

1. 什么叫汽车零配件?

2. 按市场结构分类,汽车零配件分成几类?

3. 汽车零配件编号和规格的识别方法是什么?

4. 汽车配件营销的重要性是什么?

5. 汽车配件发展的趋势变化是怎样的?

**【决策与计划】**

集中授课,完成相关的知识要点;列出完成工作任务可参考的资料,并对小组成员进行合理分工,制订详细的计划。

1. 分小组讨论,各小组成员对任务进行分析讨论,并阐述各自的思路和方案;

**工作与学习任务决策单**

<table>
<tr><td>学习领域</td><td colspan="2"></td><td>班级</td><td></td></tr>
<tr><td>学习情境</td><td colspan="2"></td><td>姓名</td><td></td></tr>
<tr><td rowspan="2">完成任务<br>思考方案</td><td colspan="4"></td></tr>
<tr><td>填写时间</td><td colspan="3"></td></tr>
</table>

2. 小组成员分工,根据讨论情况落实小组成员任务;

**工作与学习任务分配单**

<table>
<tr><td colspan="2">学习领域</td><td colspan="2"></td><td>班级</td><td></td></tr>
<tr><td colspan="2">学习情境</td><td colspan="2"></td><td>学时</td><td></td></tr>
<tr><td>序号</td><td>姓名</td><td>性别</td><td colspan="2">分配任务内容</td><td>备注</td></tr>
<tr><td></td><td></td><td></td><td colspan="2"></td><td></td></tr>
<tr><td></td><td></td><td></td><td colspan="2"></td><td></td></tr>
<tr><td></td><td></td><td></td><td colspan="2"></td><td></td></tr>
<tr><td></td><td></td><td></td><td colspan="2"></td><td></td></tr>
<tr><td></td><td></td><td></td><td colspan="2"></td><td></td></tr>
<tr><td></td><td></td><td></td><td colspan="2"></td><td></td></tr>
<tr><td></td><td></td><td></td><td colspan="2"></td><td></td></tr>
<tr><td></td><td></td><td></td><td colspan="2"></td><td></td></tr>
<tr><td></td><td></td><td></td><td colspan="2"></td><td></td></tr>
<tr><td colspan="2">组长</td><td colspan="2"></td><td>日期</td><td></td></tr>
</table>

3. 根据任务分工和讨论制作工作与学习计划表,并交教师指导修改后定稿(每小组一张,见附表4-1)。

## 【实　　施】

试描述汽车配件的命名要求,举例说明。

## 【检　　查】

课程讲解后,进行如下检查:

1. 能否分析汽车配件的分类与型号?

2. 是否了解汽车配件的重要性?

3. 工作学习中遇到的问题及解决问题的方法是什么?

4. 填写工作任务自查单(附表4-2)

## 【评　　价】

1. 请根据自己完成任务的情况,对自己的工作进行自我评估,并提出改进意见。

2. 教师对小组或个人工作情况进行评估,并进行点评。

3. 填写工作任务自查单(附表4-3)

**工作与学习计划单** 附表 4-1

| | | | | | |
|---|---|---|---|---|---|
| 学习领域 | | | | 班级 | |
| 学习情境 | | | | 组别 | |
| 实施步骤 | 序号 | 实施内容 | 工具 | 时间 | 备注 |
| | | | | | |
| | | | | | |
| | | | | | |
| | | | | | |
| | | | | | |
| | | | | | |
| | | | | | |
| | | | | | |
| | | | | | |
| | | | | | |
| | | | | | |
| | | | | | |
| | | | | | |
| | | | | | |
| | | | | | |
| | | | | | |
| | | | | | |
| 实施计划其他说明 | | | | | |

| | | | | | | | |
|---|---|---|---|---|---|---|---|
| 组长 | | 日期 | | 指导教师 | | 日期 | |

**工作任务自查单** 附表 4-2

<table>
<tr><td colspan="2" rowspan="2">工作任务自查单</td><td>学习领域</td><td colspan="3"></td></tr>
<tr><td>学习情境</td><td colspan="3"></td></tr>
<tr><td>班级</td><td></td><td>姓名</td><td></td><td>组别</td><td></td></tr>
<tr><td colspan="4">检查内容</td><td>是</td><td>否</td></tr>
<tr><td rowspan="3">咨询</td><td colspan="3">1. 正确进行信息采集</td><td>□</td><td>□</td></tr>
<tr><td colspan="3">2. 正确进行技术分析</td><td>□</td><td>□</td></tr>
<tr><td colspan="3">3. 正确进行标准规范</td><td>□</td><td>□</td></tr>
<tr><td rowspan="4">决策计划</td><td colspan="3">4. 计划合理</td><td>□</td><td>□</td></tr>
<tr><td colspan="3">5. 具备成本意识</td><td>□</td><td>□</td></tr>
<tr><td colspan="3">6. 正确进行分工规划</td><td>□</td><td>□</td></tr>
<tr><td colspan="3">7. 工作计划有特色</td><td>□</td><td>□</td></tr>
<tr><td rowspan="5">实施</td><td colspan="3">8. 工作态度端正</td><td>□</td><td>□</td></tr>
<tr><td colspan="3">9. 具备协作精神</td><td>□</td><td>□</td></tr>
<tr><td colspan="3">10. 找到工作要点并正确解决问题,强调工作质量</td><td>□</td><td>□</td></tr>
<tr><td colspan="3">11. 具备安全意识,操作规范</td><td>□</td><td>□</td></tr>
<tr><td colspan="3">12. 正确使用工具、仪器、设备</td><td>□</td><td>□</td></tr>
<tr><td colspan="6">请简练描述本项目的工作过程:</td></tr>
<tr><td colspan="6">教师审核:<br><br>教师签名:<br>年 月 日</td></tr>
</table>

工作任务评价单　　附表 4-3

| 工作任务评价单 | 学习领域 | |
|---|---|---|
| | 学习情境 | |
| | 姓名 | |
| | 总分 | |

| 评分内容 | 标准分值 | 自我评价（20%） | 小组评价（30%） | 教师评价（50%） |
|---|---|---|---|---|
| 计划： | | | | |
| 是否制订了行动方案 | 5 | | | |
| 行动方案是否合理 | 10 | | | |
| 决策计划： | | | | |
| 是否确定了问题和解决问题方案 | 5 | | | |
| 是否考虑了安全和劳动保护措施 | 5 | | | |
| 是否考虑了环保因素 | 5 | | | |
| 实施： | | | | |
| 设计步骤是否正确 | 10 | | | |
| 是否设计规范 | 10 | | | |
| 是否独立完成 | 5 | | | |
| 是否在规定的时间内完成 | 10 | | | |
| 检查： | | | | |
| 检查方法是否正确 | 5 | | | |
| 是否能如实填报检查单 | 5 | | | |
| PPT 汇报是否清楚明白 | 5 | | | |
| 评价： | | | | |
| 描述本项目的优点： | 5 | | | |
| 有待改进之处： | 5 | | | |
| 改进方法： | 5 | | | |
| 总分 | 100 | | | |
| 教师评语： | | | | |

<table>
<tr><td>学习情境五</td><td colspan="3">汽车配件检索方法</td><td>班级</td><td></td></tr>
<tr><td>学时</td><td>3</td><td>实训场地</td><td></td><td>学生姓名</td><td></td></tr>
<tr><td rowspan="2">实训设备</td><td colspan="3" rowspan="2">投影仪1台，电脑1台，电气设备1台（各种传感器、ECU，各种电控器械）、游标卡尺，千分尺，百分表、防尘套（橡胶）</td><td>学生学号</td><td></td></tr>
<tr><td>组别</td><td></td></tr>
<tr><td>任务描述</td><td colspan="5">以典型汽车服务企业为例，通过实例学习汽车配件检索的相关知识，同时为了能更好地完成汽车配件检索方法这一任务，需要了解汽车配件目录的使用。通过学习，要求在掌握一定理论知识的前提下，按照工作过程的完整性和连贯性要求（资讯→决策→计划→实施→检查→评价），逐步养成就业岗位的隐性工作方法（专业能力之外的方法，诸如协调、沟通、表达等），最终完成任务工单。<br>1. 学习与工作要求<br>（1）通过教师的引导和自学、查找资料等方式，了解本章节内容。<br>（2）以小组协作形式完成汽车配件检索；<br>2. 已具备资料<br>（1）汽车配件检索工具<br>（2）学生手册；<br>（3）汽车配件检索。</td></tr>
</table>

**【资　　讯】**

填空题：

1. ______________指不需经过任何装配工序的单一成品，是汽车最基本的组成部分，是不可拆卸的一个整体。

2. 组号用__________阿拉伯数字表示汽车各功能系统内的分类代号。

问答题：

1. 汽车配件的常用检索工具有哪些？各有什么特点？

2. 汽车配件的检索方法分类有哪些？

3. 什么是汽车零件编号？一般由什么组成？

**【决策与计划】**

集中授课，完成相关的知识要点；列出完成工作任务可参考的资料，并对小组成员进行合理分工，制订详细的计划。

1. 分小组讨论，各小组成员对任务进行分析讨论，并阐述各自的思路和方案。

**工作与学习任务决策单**

| | | | |
|---|---|---|---|
| 学习领域 | | 班级 | |
| 学习情境 | | 姓名 | |
| 完成任务思考方案 | | | |
| | 填写时间 | | |

2. 小组成员分工，根据讨论情况落实小组成员任务；

**工作与学习任务分配单**

| | | | | |
|---|---|---|---|---|
| 学习领域 | | | 班级 | |
| 学习情境 | | | 学时 | |
| 序号 | 姓名 | 性别 | 分配任务内容 | 备注 |
| | | | | |
| | | | | |
| | | | | |
| | | | | |
| | | | | |
| | | | | |
| | | | | |
| | | | | |
| | | | | |
| | | | | |
| 组长 | | 日期 | | |

3. 根据任务分工和讨论制作工作与学习计划表，并交教师指导修改后定稿（每小组一张，见附表 5-1）。

## 【实　　施】

举例分析某汽车公司零件编号体系和原则。

## 【检　　查】

课程讲解后，进行如下检查：

1. 能否分析汽车企业的零配件编号体系？

2. 工作学习中遇到的问题及解决问题的方法是什么？

3. 填写工作任务自查单(附表 5-2)

## 【评　　价】

1. 请根据自己完成任务的情况，对自己的工作进行自我评估，并提出改进意见。

2. 教师对小组工作情况进行评估，并进行点评。

3. 填写工作任务自查单(附表 5-3)

**工作与学习计划单** 附表 5-1

<table>
<tr><td>学习领域</td><td colspan="4"></td><td>班级</td><td colspan="2"></td></tr>
<tr><td>学习情境</td><td colspan="4"></td><td>组别</td><td colspan="2"></td></tr>
<tr><td rowspan="17">实施<br>步骤</td><td>序号</td><td colspan="2">实施内容</td><td>工具</td><td>时间</td><td colspan="2">备注</td></tr>
<tr><td></td><td colspan="2"></td><td></td><td></td><td colspan="2"></td></tr>
<tr><td></td><td colspan="2"></td><td></td><td></td><td colspan="2"></td></tr>
<tr><td></td><td colspan="2"></td><td></td><td></td><td colspan="2"></td></tr>
<tr><td></td><td colspan="2"></td><td></td><td></td><td colspan="2"></td></tr>
<tr><td></td><td colspan="2"></td><td></td><td></td><td colspan="2"></td></tr>
<tr><td></td><td colspan="2"></td><td></td><td></td><td colspan="2"></td></tr>
<tr><td></td><td colspan="2"></td><td></td><td></td><td colspan="2"></td></tr>
<tr><td></td><td colspan="2"></td><td></td><td></td><td colspan="2"></td></tr>
<tr><td></td><td colspan="2"></td><td></td><td></td><td colspan="2"></td></tr>
<tr><td></td><td colspan="2"></td><td></td><td></td><td colspan="2"></td></tr>
<tr><td></td><td colspan="2"></td><td></td><td></td><td colspan="2"></td></tr>
<tr><td></td><td colspan="2"></td><td></td><td></td><td colspan="2"></td></tr>
<tr><td></td><td colspan="2"></td><td></td><td></td><td colspan="2"></td></tr>
<tr><td></td><td colspan="2"></td><td></td><td></td><td colspan="2"></td></tr>
<tr><td></td><td colspan="2"></td><td></td><td></td><td colspan="2"></td></tr>
<tr><td></td><td colspan="2"></td><td></td><td></td><td colspan="2"></td></tr>
<tr><td>实施计划<br>其他说明</td><td colspan="7"></td></tr>
<tr><td>组长</td><td></td><td>日期</td><td></td><td>指导教师</td><td></td><td>日期</td><td></td></tr>
</table>

**工作任务自查单**　　　　附表 5-2

<table>
<tr><td colspan="2" rowspan="2">工作任务自查单</td><td>学习领域</td><td colspan="3"></td></tr>
<tr><td>学习情境</td><td colspan="3"></td></tr>
<tr><td>班级</td><td></td><td>姓名</td><td></td><td>组别</td><td></td></tr>
<tr><td colspan="4">检查内容</td><td>是</td><td>否</td></tr>
<tr><td rowspan="3">咨询</td><td colspan="3">1. 正确进行信息采集</td><td>□</td><td>□</td></tr>
<tr><td colspan="3">2. 正确进行技术分析</td><td>□</td><td>□</td></tr>
<tr><td colspan="3">3. 正确进行标准规范</td><td>□</td><td>□</td></tr>
<tr><td rowspan="4">决策计划</td><td colspan="3">4. 计划合理</td><td>□</td><td>□</td></tr>
<tr><td colspan="3">5. 具备成本意识</td><td>□</td><td>□</td></tr>
<tr><td colspan="3">6. 正确进行分工规划</td><td>□</td><td>□</td></tr>
<tr><td colspan="3">7. 工作计划有特色</td><td>□</td><td>□</td></tr>
<tr><td rowspan="5">实施</td><td colspan="3">8. 工作态度端正</td><td>□</td><td>□</td></tr>
<tr><td colspan="3">9. 具备协作精神</td><td>□</td><td>□</td></tr>
<tr><td colspan="3">10. 找到工作要点并正确解决问题，强调工作质量</td><td>□</td><td>□</td></tr>
<tr><td colspan="3">11. 具备安全意识，操作规范</td><td>□</td><td>□</td></tr>
<tr><td colspan="3">12. 正确使用工具、仪器、设备</td><td>□</td><td>□</td></tr>
<tr><td colspan="6">请简练描述本项目的工作过程：</td></tr>
<tr><td colspan="6">教师审核：<br><br><br>教师签名：<br>年　　月　　日</td></tr>
</table>

工作任务评价单　　附表 5-3

<table>
<tr><td rowspan="4" colspan="1">工作任务评价单</td><td>学习领域</td><td colspan="4"></td></tr>
<tr><td>学习情境</td><td colspan="4"></td></tr>
<tr><td>姓名</td><td colspan="4"></td></tr>
<tr><td>总分</td><td colspan="4"></td></tr>
<tr><td colspan="2">评分内容</td><td>标准分值</td><td>自我评价（20%）</td><td>小组评价（30%）</td><td>教师评价（50%）</td></tr>
<tr><td colspan="6">计划：</td></tr>
<tr><td colspan="2">是否制订了行动方案</td><td>5</td><td></td><td></td><td></td></tr>
<tr><td colspan="2">行动方案是否合理</td><td>10</td><td></td><td></td><td></td></tr>
<tr><td colspan="6">决策计划：</td></tr>
<tr><td colspan="2">是否确定了问题和解决问题方案</td><td>5</td><td></td><td></td><td></td></tr>
<tr><td colspan="2">是否考虑了安全和劳动保护措施</td><td>5</td><td></td><td></td><td></td></tr>
<tr><td colspan="2">是否考虑了环保因素</td><td>5</td><td></td><td></td><td></td></tr>
<tr><td colspan="6">实施：</td></tr>
<tr><td colspan="2">设计步骤是否正确</td><td>10</td><td></td><td></td><td></td></tr>
<tr><td colspan="2">是否设计规范</td><td>10</td><td></td><td></td><td></td></tr>
<tr><td colspan="2">是否独立完成</td><td>5</td><td></td><td></td><td></td></tr>
<tr><td colspan="2">是否在规定的时间内完成</td><td>10</td><td></td><td></td><td></td></tr>
<tr><td colspan="6">检查：</td></tr>
<tr><td colspan="2">检查方法是否正确</td><td>5</td><td></td><td></td><td></td></tr>
<tr><td colspan="2">是否能如实填报检查单</td><td>5</td><td></td><td></td><td></td></tr>
<tr><td colspan="2">PPT 汇报是否清楚明白</td><td>5</td><td></td><td></td><td></td></tr>
<tr><td colspan="6">评价：</td></tr>
<tr><td colspan="2">描述本项目的优点：</td><td>5</td><td></td><td></td><td></td></tr>
<tr><td colspan="2">有待改进之处：</td><td>5</td><td></td><td></td><td></td></tr>
<tr><td colspan="2">改进方法：</td><td>5</td><td></td><td></td><td></td></tr>
<tr><td colspan="2">总分</td><td>100</td><td></td><td></td><td></td></tr>
<tr><td colspan="6">教师评语：</td></tr>
</table>

<table>
<tr><td>学习情境六</td><td colspan="3">汽车配件订货管理及库存管理</td><td>班级</td><td></td></tr>
<tr><td>学时</td><td>10</td><td>实训场地</td><td></td><td>学生姓名</td><td></td></tr>
<tr><td rowspan="2">实训设备</td><td colspan="3" rowspan="2">投影仪1台，电脑1台，电气设备1台（各种传感器、ECU，各种电控器械）、游标卡尺，千分尺，百分表、防尘套（橡胶）、订货单、取货单</td><td>学生学号</td><td></td></tr>
<tr><td>组别</td><td></td></tr>
<tr><td>任务描述</td><td colspan="5">以典型汽车服务企业为例，通过实例学习汽车配件管理的相关知识，同时，为了能更好地完成汽车配件管理这一任务，需要了解汽车配件的订货管理、库存管理、汽车配件仓库管理。通过学习，要求在掌握一定理论知识的前提下，按照工作过程的完整性和连贯性要求（资讯→决策→计划→实施→检查→评价），逐步养成就业岗位的隐性工作方法（专业能力之外的方法，诸如协调、沟通、表达等），最终完成任务工单。<br>1. 学习与工作要求<br>（1）通过教师的引导和自学、查找资料等方式，了解并掌握本章节内容。<br>（2）以小组协作形式完成配件订货、入库和库存的管理。<br>2. 已具备资料<br>（1）汽车配件管理基础；<br>（2）学生手册；<br>（3）汽车配件管理PPT。</td></tr>
</table>

**【资　　讯】**

填空题：

1. JIT（Just-in-time）理论是指________________________________________。

2. 库存管理的目标是____________________________________________。

3. 汽车零件的流通等级是指_____________________________________，根据汽车零件寿命周期长短可以把它们分为__________、中流件、__________三大类。

4. 汽车配件订货分为__________、客户订购件和__________三类。

5. 汽车配件的订货原则是：_________________________________________。

6. 对于易吸潮生锈的配件，除应保持仓库地面干燥外，还应在配件堆垛的底层设置离地面至少有__________空隙的架空地板，使空气得以流通。

问答题：

1. 汽车配件经营管理模式有哪几种？试用图示表示出来。

2. 用简单技术手段鉴别汽车配件的方法有哪些？

3. 汽车配件零售企业的进货方式一般有哪四种类型?

4. 进货业务的程序是什么?

5. 汽车配件的建库前期准备有哪些?

6. 仓位编号是怎样的?

7. 汽车配件仓库管理的内容是什么?

**【决策与计划】**

集中授课，完成相关的知识要点；列出完成工作任务可参考的资料，并对小组成员进行合理分工，制订详细的计划。

1. 分小组讨论，各小组成员对任务进行分析讨论，并阐述各自的思路和方案；

**工作与学习任务决策单**

| | | | |
|---|---|---|---|
| 学习领域 | | 班级 | |
| 学习情境 | | 姓名 | |
| 完成任务思考方案 | | | |
| | 填写时间 | | |

2. 小组成员分工，根据讨论情况落实小组成员任务；

**工作与学习任务分配单**

| | | | | |
|---|---|---|---|---|
| 学习领域 | | | 班级 | |
| 学习情境 | | | 学时 | |
| 序号 | 姓名 | 性别 | 分配任务内容 | 备注 |
| | | | | |
| | | | | |
| | | | | |
| | | | | |
| | | | | |
| | | | | |
| | | | | |
| | | | | |
| | | | | |
| | | | | |
| | | | | |
| 组长 | | | 日期 | |

3. 根据任务分工和讨论制作工作与学习计划表，并交教师指导修改后定稿（每小组一张，见附表6-1）。

## 【实　　施】

1. 对于易吸潮生锈的配件，除应保持仓库地面干燥外，还应在配件堆垛的底层设置离地面至少有__________ cm 空隙的架空地板，使空气得以流通。

2. 试描述库存订货的程序。

3. 某配件的月均需求为 20 个，订户周期为 0.5 个月，到货期为 1 个月，安全库存月数为 0.5 个月，订货日为每月 15 日、30 日，在途数 15 个，在库数为 10 个，客户预定数 4 个，问计算订货为多少？

4. 汽车配件的入库程序包括那几个环节？

5. 验收作业的程序一般有哪些？

6. 配件出库的任务是什么？

7. 试填写零件取货单。

8. 描述维修部取件(领料)工作流程。

9. 汽车制造厂家在规定了用户索赔权利的同时,也规定了不属于质量担保范围的情况,试举例说明。

10. 汽车配件理赔定损的注意事项有哪些?

## 【检　查】

课程讲解后,进行如下检查:

1. 能否对汽车配件进出库进行操作?

2. 是否能进行简单的仓库管理?了解其注意事项。

3. 工作学习中遇到的问题及解决问题的方法是什么?

4 填写工作任务自查单(附表6-2)

## 【评　价】

1. 请根据自己完成任务的情况,对自己的工作进行自我评估,并提出改进意见。

2. 教师对小组工作情况进行评估,并进行点评。

3. 填写工作任务自查单(附表6-3)

工作与学习计划单　　附表 6-1

| | | | | | |
|---|---|---|---|---|---|
| 学习领域 | | | | 班级 | |
| 学习情境 | | | | 组别 | |
| 实施步骤 | 序号 | 实施内容 | 工具 | 时间 | 备注 |
| | | | | | |
| | | | | | |
| | | | | | |
| | | | | | |
| | | | | | |
| | | | | | |
| | | | | | |
| | | | | | |
| | | | | | |
| | | | | | |
| | | | | | |
| | | | | | |
| | | | | | |
| | | | | | |
| | | | | | |
| | | | | | |
| | | | | | |
| 实施计划其他说明 | | | | | |

| | | | | | | | |
|---|---|---|---|---|---|---|---|
| 组长 | | 日期 | | 指导教师 | | 日期 | |

**工作任务自查单** 附表 6-2

<table>
<tr><td colspan="2" rowspan="2">工作任务自查单</td><td>学习领域</td><td colspan="3"></td></tr>
<tr><td>学习情境</td><td colspan="3"></td></tr>
<tr><td>班级</td><td></td><td>姓名</td><td></td><td>组别</td><td></td></tr>
<tr><td colspan="4">检查内容</td><td>是</td><td>否</td></tr>
<tr><td rowspan="3">咨询</td><td colspan="3">1. 正确进行信息采集</td><td>☐</td><td>☐</td></tr>
<tr><td colspan="3">2. 正确进行技术分析</td><td>☐</td><td>☐</td></tr>
<tr><td colspan="3">3. 正确进行标准规范</td><td>☐</td><td>☐</td></tr>
<tr><td rowspan="4">决策计划</td><td colspan="3">4. 计划合理</td><td>☐</td><td>☐</td></tr>
<tr><td colspan="3">5. 具备成本意识</td><td>☐</td><td>☐</td></tr>
<tr><td colspan="3">6. 正确进行分工规划</td><td>☐</td><td>☐</td></tr>
<tr><td colspan="3">7. 工作计划有特色</td><td>☐</td><td>☐</td></tr>
<tr><td rowspan="5">实施</td><td colspan="3">8. 工作态度端正</td><td>☐</td><td>☐</td></tr>
<tr><td colspan="3">9. 具备协作精神</td><td>☐</td><td>☐</td></tr>
<tr><td colspan="3">10. 找到工作要点并正确解决问题，强调工作质量</td><td>☐</td><td>☐</td></tr>
<tr><td colspan="3">11. 具备安全意识，操作规范</td><td>☐</td><td>☐</td></tr>
<tr><td colspan="3">12. 正确使用工具、仪器、设备</td><td>☐</td><td>☐</td></tr>
<tr><td colspan="6">请简练描述本项目的工作过程：</td></tr>
<tr><td colspan="6">教师审核：<br><br>教师签名：<br>年 月 日</td></tr>
</table>

**工作任务评价单**　　　　附表 6-3

| 工作任务评价单 | 学习领域 | | | |
|---|---|---|---|---|
| | 学习情境 | | | |
| | 姓名 | | | |
| | 总分 | | | |

| 评分内容 | 标准分值 | 自我评价（20%） | 小组评价（30%） | 教师评价（50%） |
|---|---|---|---|---|
| 计划： | | | | |
| 是否制订了行动方案 | 5 | | | |
| 行动方案是否合理 | 10 | | | |
| 决策计划： | | | | |
| 是否确定了问题和解决问题方案 | 5 | | | |
| 是否考虑了安全和劳动保护措施 | 5 | | | |
| 是否考虑了环保因素 | 5 | | | |
| 实施： | | | | |
| 设计步骤是否正确 | 10 | | | |
| 是否设计规范 | 10 | | | |
| 是否独立完成 | 5 | | | |
| 是否在规定的时间内完成 | 10 | | | |
| 检查： | | | | |
| 检查方法是否正确 | 5 | | | |
| 是否能如实填报检查单 | 5 | | | |
| PPT 汇报是否清楚明白 | 5 | | | |
| 评价： | | | | |
| 描述本项目的优点： | 5 | | | |
| 有待改进之处： | 5 | | | |
| 改进方法： | 5 | | | |
| 总分 | 100 | | | |
| 教师评语： | | | | |

# 参考文献

[1] 孙凤英.汽车营销[M].北京:机械工业出版,2004.
[2] 曹红兵.汽车及配件营销[M].北京:电子工业出版社,2005.
[3] 陈文华.汽车及配件营销[M].北京:人民交通出版社,2005.
[4] 王怡民.汽车营销技术[M].北京:人民交通出版社,2004.
[5] 范伟达.市场调查[M].上海:复旦大学出版社,2002.
[6] 姜正根.汽车营销学[M].北京:中国劳动社会保障出版社,2001.
[7] 晁纲令.市场营销学教程[M].上海:上海财经大学出版社,2001.
[8] 陈殿阁.市场调查与预测[M].北京:清华大学出版社,2004.
[9] 陈启杰.市场调查与预测[M].上海:上海财经大学出版社,2004.
[10] 吴建安.市场营销学[M].北京:高等教育出版社,2007.
[11] 王若军.市场调查与预测[M].北京:北京交通大学出版社,2009.
[12] 符国群.消费者行为学[M].北京:高等教育出版社,2001.
[13] 李品媛.消费者行为学[M].大连:东北财经大学出版社,2000.
[14] 阴国恩,梁福成,白学军.普通心理学[M].天津:南开大学出版社,2006.
[15] 刘志友.消费心理学[M].大连:大连理工大学出版社,2007.
[16] 李江天.汽车销售实务[M].北京:电子工业出版社,2006.
[17] 高玉民.汽车特约销售服务站营销策略[M].北京:机械工业出版社,2005.
[18] 陈永革.汽车市场营销[M].北京:高等教育出版社,2005.
[19] 黄炳华.汽车配件管理与营销[M].广州:华南理工大学出版社,2006.
[20] 俞宁.汽车文化[M].重庆:重庆大学出版社,2005.
[21] 贾永轩.汽车经销商管理[M].北京:机械工业出版社,2006.
[22] 陈友新.汽车销售艺术通论[M].北京:北京理工大学出版社,2003.
[23] 刘可湘.汽车服务企业经营与管理[M].北京:人民交通出版社,2004.
[24] 苑玉凤.汽车营销[M].北京:机械工业出版社,2005.
[25] 谢红霞.公共关系[M].大连:东北财经大学出版社,2006.
[26] 霍亚楼.汽车营销实训[M].北京:中国劳动社会保障出版社,2005.
[27] 冯丽云.现代市场调查与预测[M].北京:经济管理出版社,2008.
[28] 卢圣春.汽车4S店经营与管理培训教程[M].北京:化学工业出版,2009.
[29] 裘瑜,吴霖生.汽车营销实务[M].上海:上海交通大学出版社,2002.